湖北省制冷学会
湖北省智慧冷链物流工程技术研究中心　　组织编写

湖北省冷链物流现状及发展白皮书

主　编　陈焕新　熊文杰　冷凯君

华中科技大学出版社
中国·武汉

图书在版编目(CIP)数据

湖北省冷链物流现状及发展白皮书/陈焕新,熊文杰,冷凯君主编.—武汉:华中科技大学出版社,2023.1
 ISBN 978-7-5680-8902-9

Ⅰ.①湖… Ⅱ.①陈…②熊…③冷… Ⅲ.①冷冻食品-物流管理-白皮书-湖北 Ⅳ.①F252.8

中国版本图书馆 CIP 数据核字(2022)第 238094 号

湖北省冷链物流现状及发展白皮书
Hubei Sheng Lenglian Wuliu Xianzhuang ji Fazhan Baipishu

陈焕新 熊文杰 冷凯君 主编

策划编辑：余伯仲
责任编辑：戢凤平
封面设计：廖亚萍
责任监印：周治超

出版发行：华中科技大学出版社(中国·武汉)　　电话：(027)81321913
　　　　　武汉市东湖新技术开发区华工科技园　　邮编：430223
录　　排：华中科技大学惠友文印中心
印　　刷：武汉市籍缘印刷厂
开　　本：787mm×1092mm　1/16
印　　张：11
字　　数：214千字
版　　次：2023年1月第1版第1次印刷
定　　价：50.00元

本书若有印装质量问题,请向出版社营销中心调换
全国免费服务热线：400-6679-118　竭诚为您服务
版权所有　侵权必究

编审委员会

顾　　问　　孟庆国　杨一凡　商　跃　刘　升
名誉主编　　张定国
主　　编　　陈焕新　熊文杰　冷凯君
编　　委　　（按姓氏笔画排序）
　　　　　　吕五有　伍从明　刘　起　刘佳霓　祁小波
　　　　　　许　玲　严守雷　李　洁　李颖玲　吴　勇
　　　　　　吴光海　何远新　邹晓明　张　璐　张青松
　　　　　　陈　征　陈云华　陈学玲　周　丽　周　松
　　　　　　周　艳　郑　峰　胡　奕　葛　微　程运江
　　　　　　曾云流　薄　瑛

先頭北漢全鎮特達受氣應擔戰研范斷鑒讀
産領朗湖安扶冷鐘許斷歡嗆喨熙綜善斷聽
驿户命冷流策興建提不隱呼重歡領文聽閱
水深造生是積政許呼業多領文重隱提不交文完
農物欲合钱有謀違歷授威脅階段完圖完
農生亦諸有錬合挑是校權脅臨脑稿改圖稿
衛視重練閣菁爲勇氣許深人入所修市稿目圖
盧生偏安浮出連反拔深入頂拔修可行目不可
證民記中品濟億不綿起与深爬三反可一絕不
潜階冷保重大分偏兴图月篇多不可供為市業
九萬經品民中資交债十章可引分引篮表導為
九萬經品民中资交倚付鹮图分引翠譯瀝社
赐陞萬一巨额舆债案篇引国分堪譯譯社
隆陸高出書做資賞案编顺信图分引堪编覺
大陣會导出集象章信可钉分印國旗傅擁黛你
保企引中家慎十周圆圈分介堪護護講為
六保业引收粤家参七国周圆介堪譯嵌你
聯合共十跨集中参章寶認起異例深焕挑拔深人所入所可修行市業多不可而可
十餘連跨收粤家集合十章會引分圖月篇三反焕挑拔深人所入所可修月可一不市業
聯會跨赊通集下十繁章覃引分圖月篇三反深焕拔深入所许修行尔業各不可不
廣上分書導导出方集案实章案慎引分不堪譯護谈导为社业会會然展宝宝盐亦
十泛鎮國收型导出集案罷案例点引分不堪譯譯护导爲社业会會然展奥亦鎖
嶺泛過政導出上收下集亦案罷慎點引分不堪譯護導爲社业会會然展宝興範亦
撰遥書导导引上下方集型案罷點點引分可堪编譯导爲社业会會然展奥興範
撰注淫行上入引中做下集實索案篇贞點引分不堪請導为社业会会然展兴敬範
陳選注法引收尝引中做典資案筹点點绣引不堪譯護爲社业会然展寅與範亦
劭赴法歸引搜引型型导出出貫案罷點點纉讫分不堪譯護社会会然展寅與範亦
協劭政隊法领搜型导型型導出导集案籲貞黠贞引分不堪譯社会会然展寅興鎮亦
聲獻致訳協隊以領軿搜典导型资出集案貞點分引分不堪谩護社会会然展寅興范亦
致献訳協隊以領軿典敬譯下集案篇慎点分引分不堪謿社会会然展寅興范亦
敬默献訳協隊以領譯政章章下十集案篇章十点分引为社业会会然展寅興范亦

序 言

由湖北省制冷学会冷链物流分会和湖北省智慧冷链物流工程技术研究中心联合发起,学会常务副理事长陈焕新教授领衔编撰,省内二十余家单位参与,凝聚了十多位学者、专家、企业家智慧和心血的《湖北省冷链物流现状及发展白皮书》(以下简称"白皮书"),历时一年零七个月,经数次线下线上讨论、交流,三易其稿,今天终于和大家见面了。这是湖北省制冷学会成立四十三年来组织编撰的第一本具有知识产权的正式出版物,它将成为湖北省冷链物流行业的一张靓丽名片,必将对行业的发展起到推动和促进作用。可喜可贺!

素有"九省通衢"之称的湖北省,占有得天独厚的区位优势和便利的水运、空运、陆运流通优势,农产品生产产量常年稳居全国前五,是生鲜食品、农副产品、淡水产品的生产与消费大省。同时,湖北省还是全国六大医疗中心之一,各类冷链物流需求旺盛。

随着国家经济的持续快速发展和人民生活水平的不断提高,我国冷链物流产业发展迅猛,特别是国家《"十四五"冷链物流发展规划》的颁布,"双碳战略"目标的提出,国家首批冷链物流骨干基地的建设和乡村振兴战略的实施,都加速了冷链物流市场需求的增长,为行业的发展注入了强劲的动力。在湖北省各级政府的大力支持下,民企、外企和投资机构积极参与,冷链物流行业得到了快速发展,同时亦暴露出了项目盲目建设、质量良莠不齐、分布不均衡等问题,需要及时得到引导和纠正。在这种情况下,编撰一本反映湖北省冷链物流行业现状,并对今后五年、十年冷链物流行业发展给予专业性的正确引导的"白皮书"就显得十分重要和必要了。

"白皮书"系统梳理了湖北省冷链物流行业的基本脉络,客观地陈述了湖北省冷链物流产业的基本情况,触及了行业的热点、痛点,并揭示了存在的问题。同时,根据国家整体战略部署,结合实际情况,提出了高质量发展湖北省冷链物流产业的合理化建议,为各级领导制定突出重点、补齐短板、统筹兼顾、高质量发展冷链物流产业的决策提供了参考。为行业、企业、投资商提供了信息、技术和数据支撑,意义重大。

中国制冷学会和湖北省制冷学会是延续了四十三年深情厚谊的兄弟学会,这次"白皮书"付梓邀请我作序,也体现了地方兄弟学会对中国制冷学会的信任,我虽才疏学浅,亦愿以此拙文表示祝贺之心!

期望"白皮书"能为冷链行业从业者、各级政府决策、企业投资管理提供有价值的参考借鉴,助力湖北省冷链物流行业的高质量发展。

中国制冷学会特邀副理事长

2022 年 11 月 3 日

前 言

推动冷链物流高质量发展,是减少农产品产后损耗和食品流通浪费,扩大高品质市场供给规模,更好满足人民日益增长的美好生活需要的重要手段。一方面国家高度重视冷链物流的布局。国务院办公厅印发的《"十四五"冷链物流发展规划》为我国冷链物流发展指明了方向;交通运输部等多个部门持续在冷藏集装箱港航行动、冷链运输高质量发展等多方面出台产业政策;同时,安徽、浙江等多个省市率先发布了"十四五"冷链物流规划。在国家利好政策密集发布下,我国冷链物流迎来发展新契机。然而,另一方面我们也应该看到我国冷链物流技术发展比较缓慢,技术水平和工艺较为滞后;同时,国际形势继续发生深刻复杂变化,百年变局和世纪疫情相互交织,世界进入新的动荡变革期。货币宽松、去全球化、俄乌战争等导致了通货膨胀、能源粮食危机、劳动力不足和原材料持续上涨,使得全球供应链饱受冲击,冷链物流发展也面临着各种挑战!

湖北省作为全国农业大省和经济大省,地处我国中部,地理环境优越,省内冷链物流行业呈现多元化、多样化发展格局。为全面总结湖北省冷链物流行业现状及发展趋势,湖北省制冷学会及湖北省智慧冷链物流工程技术研究中心组织省内专家、学者及相关优势企业合力编写了《湖北省冷链物流现状及发展白皮书》,全面梳理了省内冷链物流行业现状、行业布局、相关政策、教育科研、技术产品、代表性企业等,本书将为冷链物流相关科研人员、工程技术人员及相关企业提供参考,并为政府部门提供重要的政策依据。

全书共 10 章,第 1 章通过对湖北省当前冷链物流行业的相关调研,总结了湖北省冷链物流发展优势及现状,提出在未来冷链物流发展中应积极推动数字化和工业化融合发展,推进冷链物流重点工程建设,打造全国冷链物流核心枢纽基地。第 2 章介绍了湖北省冷链物流企业分布及基础设施建设情况。第 3 章介绍了湖北省冷链物流教育科研单位,并提出了科研发展政策建议。第 4~7 章分别针对食品、餐饮、药品、农产品等冷链物流产品对象,介绍了市场需求、代表企业、政策建议等。第 8、9 章分别介绍了冷链物流运输及仓储流程的发展现状和存在的问题。第 10 章总结了湖北省冷链物流发展亮点,提出了总体发展思路和路径。本书内容丰富、图文并茂、数据准确,为了解湖北省冷链物流行业状况提供了最新的具有较高参考价值的资料。

本书第1章由华中科技大学陈焕新教授负责,陈焕新、李颖玲、陈璐瑶、张丽撰写;第2章由湖北省现代物流发展促进会伍从明副秘书长负责,伍从明撰写;第3章由武汉商学院周丽老师和华中科技大学李颖玲博士共同负责,周丽、李颖玲、刘起、许玲、张丽、许源驿撰写;第4、5章由武汉商学院熊文杰教授负责,熊文杰撰写,李浩宇、李慧琳、魏伶伶、陈嘉程协助完成;第6章由武汉商学院熊文杰教授和湖北经济学院湖北物流发展研究中心冷凯君教授共同负责,熊文杰、冷凯君撰写;第7章由华中农业大学曾云流副教授负责,曾云流、李洁撰写;第8章由中车长江车辆有限公司冷运装备研究所所长何远新教授级高工负责,何远新、伍从明、高建华、卢海撰写;第9章由黄冈职业技术学院祁小波副教授负责,祁小波撰写;第10章由湖北经济学院湖北物流发展研究中心冷凯君教授负责,冷凯君、段李杰、汪利虹、潘林撰写;本书由湖北省制冷学会张定国秘书长担任名誉主编,由陈焕新教授、熊文杰教授及冷凯君教授担任主编,并负责全书的统稿工作。

本书由中国制冷学会特邀副理事长孟庆国教授、副秘书长杨一凡教授,北京制冷学会秘书长商跃教授级高工,北京市农林科学院蔬菜研究中心刘升研究员担任顾问。

在此,湖北省制冷学会及湖北省智慧冷链物流工程技术研究中心对参与本书编写工作的各成员单位表示衷心的感谢!

本书在撰写和出版过程中,也得到了九州通医药集团物流有限公司、中建三局第三建设工程有限责任公司、武汉鑫江车冷机系统成套设备有限公司、武汉鑫云华制冷设备有限公司、湖北三峡银岭冷链物流股份有限公司、武汉佳特制冷设备有限公司、武汉市南极冷气设备工程有限公司、湖北亚冠冷暖设备工程有限公司、武汉合众恒长科技发展有限公司等企业的赞助和支持,在此一并表示衷心的感谢!

本书内容涉及面较广,如有错漏之处,恳请读者批评指正!

编　者

2022年9月

目 录

第1章 冷链物流行业概述 / 1

1.1 冷链物流行业发展环境 / 1

  1.1.1 国家宏观经济环境 / 1

  1.1.2 国内外冷链物流行业发展 / 2

  1.1.3 冷链物流行业现行运作模式 / 4

1.2 我国冷链物流行业发展 / 7

  1.2.1 我国冷链物流行业现状 / 7

  1.2.2 后疫情时代我国冷链物流行业发展趋势 / 10

1.3 湖北省冷链物流行业发展情况 / 12

  1.3.1 湖北省冷链物流行业发展现状 / 12

  1.3.2 湖北省冷链物流行业发展优势 / 13

  1.3.3 湖北省冷链物流行业发展趋势 / 17

第2章 湖北省冷链物流布局与发展展望 / 18

2.1 冷链物流布局 / 18

  2.1.1 冷链物流企业分布情况 / 18

  2.1.2 区域冷链物流需求情况 / 19

  2.1.3 区域冷库基础设施建设情况 / 20

  2.1.4 发展建议 / 20

2.2 发展展望 / 23

  2.2.1 进一步提升湖北省冷链物流信息化水平 / 23

  2.2.2 进一步加大冷链物流专业人才培养 / 24

  2.2.3 进一步开展冷链物流标准化建设及标准的宣贯 / 25

第3章 湖北省冷链物流教育科研单位介绍 / 27

3.1 2020年湖北省冷链物流教育科研发展情况分析 / 27

3.2 湖北省冷链物流教育科研单位概况 / 29

 3.2.1 高等学校 / 29

 3.2.2 职业学院 / 39

 3.2.3 设计院 / 41

 3.2.4 研究所 / 43

3.3 湖北省冷链物流教育科研发展趋势及政策建议 / 49

 3.3.1 湖北省冷链物流教育科研发展趋势 / 49

 3.3.2 湖北省冷链物流教育科研发展的政策建议 / 50

第4章 湖北省食品冷链物流发展 / 52

4.1 湖北省食品冷链物流发展概况 / 52

 4.1.1 湖北食品冷链物流行业环境 / 52

 4.1.2 湖北省(中国)食品冷链物流市场需求 / 53

 4.1.3 湖北食品冷链物流龙头企业 / 54

 4.1.4 湖北食品冷链物流行业现状及问题 / 56

4.2 湖北省食品冷链物流与其他省份的比较 / 60

 4.2.1 河南省 / 60

 4.2.2 湖南省 / 61

 4.2.3 安徽省 / 62

4.3 2020年湖北省抗击新冠肺炎疫情食品冷链物流企业与企业案例 / 63

 4.3.1 武汉萃元冷链食品物流园 / 63

 4.3.2 武汉农村电商公司 / 63

 4.3.3 山绿农产品集团 / 64

 4.3.4 湖北省物流协会 / 65

第5章 我国餐饮冷链物流发展 / 67

5.1 我国餐饮冷链物流发展概况 / 67

 5.1.1 我国的餐饮冷链物流市场规模 / 67

 5.1.2 我国餐饮冷链物流发展现状 / 69

5.2 湖北省餐饮冷链物流发展建议 / 80

 5.2.1 酒店餐饮冷链物流系统的特点 / 81

5.2.2　酒店餐饮冷链物流系统存在的问题 / 81
　　5.2.3　构建酒店餐饮冷链物流体系的策略 / 82
　5.3　2020年湖北省抗击新冠肺炎疫情餐饮冷链物流热点与企业案例 / 84
　　5.3.1　武汉餐饮业协会 / 84
　　5.3.2　中车长江车辆有限公司 / 86

第6章　湖北省药品冷链物流发展 / 87

　6.1　湖北省药品冷链物流发展概况 / 87
　　6.1.1　湖北省医药工业生产企业发展情况分析 / 88
　　6.1.2　湖北省医药流通企业发展概况 / 89
　　6.1.3　湖北省专业医药冷链物流企业发展概况 / 91
　　6.1.4　湖北省药品冷链物流发展优势及不足 / 91
　　6.1.5　湖北省药品冷链物流需求概况 / 92
　6.2　湖北省药品冷链物流实施路径及政策建议 / 93
　6.3　2020年湖北省抗击新冠肺炎疫情药品冷链物流热点与企业案例 / 93
　　6.3.1　九州通医药集团物流有限公司 / 93
　　6.3.2　武汉松冷冷链物流有限公司 / 94
　　6.3.3　国药控股湖北有限公司 / 94
　6.4　湖北省医疗器械产品的应用及发展 / 95
　　6.4.1　医疗器械产品在冷链物流中的应用 / 95
　　6.4.2　医疗器械产品标准化建设及实施的方案和路径 / 96

第7章　湖北省农产品冷链物流发展 / 99

　7.1　湖北省主要果蔬种类、产量 / 99
　7.2　园艺产品冷链物流现状及主要问题 / 100
　7.3　园艺产品冷链运输工具选择 / 101
　7.4　园艺产品冷链运输环境条件 / 108
　7.5　园艺产品冷链运输管理 / 110
　　7.5.1　国内运输管理流程 / 110
　　7.5.2　全球运输管理流程 / 113
　7.6　果蔬贮藏、冷链物流相关行业和地方标准 / 115

第8章　湖北省冷链运输情况分析 / 118

　8.1　公路冷链运输情况分析 / 118

8.1.1　公路冷链运输市场概述 / 118
　　8.1.2　公路冷链运输现状分析 / 119
　　8.1.3　公路冷藏车市场与趋势分析 / 121
8.2　铁路冷链物流发展分析 / 124
　　8.2.1　铁路冷链物流总体发展情况 / 124
　　8.2.2　湖北省铁路冷链运输的特色及优势 / 125
　　8.2.3　铁路冷链装备发展现状 / 126
　　8.2.4　铁路冷链物流站点 / 132
　　8.2.5　铁路冷链运输前景分析 / 135
　　8.2.6　促进铁路冷链物流发展的政策 / 135

第9章　湖北省冷库的现状及发展 / 138
9.1　湖北省冷库的建设现状总体情况 / 138
9.2　湖北省冷库建设中的主要问题与突出矛盾 / 141
9.3　湖北省冷库能耗情况 / 145

第10章　湖北省冷链物流发展对策建议 / 148
10.1　湖北省冷链物流发展亮点 / 148
10.2　湖北省冷链物流发展面临的主要问题 / 150
10.3　湖北省冷链物流发展总体思路与实施路径 / 153
10.4　湖北省冷链物流发展具体举措 / 155

参考文献 / 159

附录　湖北省优秀冷链物流企业（部分）/ 161

第1章 冷链物流行业概述

1.1 冷链物流行业发展环境

1.1.1 国家宏观经济环境

根据国家《2021年国民经济和社会发展统计公报》,2021年相关情况如下:

(1) 全国国内生产总值1143670亿元,比2020年增长8.1%;人均国内生产总值80976元,比2020年增长8.0%;全员劳动生产率为146380元/人,比2020年提高8.7%。

(2) 全年最终消费支出拉动国内生产总值增长5.3个百分点,资本形成总额拉动国内生产总值增长1.1个百分点,货物和服务净出口拉动国内生产总值增长1.7个百分点。

(3) 全年货物进出口总额391009亿元,比2020年增长21.4%。其中,出口217348亿元,增长21.2%;进口173661亿元,增长21.5%。

(4) 全年全社会固定资产投资552884亿元,比2020年增长4.9%。其中,固定资产投资(不含农户)544547亿元,增长4.9%。

(5) 全年全部工业增加值372575亿元,比2020年增长9.6%;规模以上工业增加值增长9.6%;全年建筑业增加值80138亿元,比2020年增长2.1%。

根据国家统计局相关资料,与冷链物流产品相关的农业和消费品零售产业2021年运行状况如下:

(1) 全年粮食产量68285万吨,比上年增加1336万吨,增产2.0%;全年猪牛羊禽肉产量8887万吨,比上年增长16.3%;全年水产品产量6693万吨,比上年增长2.2%。

(2)全年社会消费品零售总额440823亿元,比2020年增长12.5%;全年实物商品网上零售额108042亿元,按可比口径计算,比2020年增长12.0%,占社会消费品零售总额的比重为24.5%。

商务部2022年《中国对外贸易形势报告》显示,当前百年变局和世纪疫情交织,地缘冲突加剧,世界经济复苏脆弱乏力,中国外贸发展环境的复杂性、严峻性、不确定性上升。同时也要看到,中国经济韧性强、潜力足、回旋余地广、长期向好的基本面没有改变,外贸创新动能持续增强,稳外贸政策合力加快形成。

1.1.2 国内外冷链物流行业发展

全球冷链物流市场规模预期将从2018年1600亿美元升至2026年5851亿美元(见图1-1),年均复合增长率接近10%。Cold Link等国外机构的研究报告显示,相较于北美、西欧等逐渐发展成熟的地区,亚太地区将为未来5~10年全球市场规模持续扩大提供强劲的驱动力。

中国依靠快速崛起的冷链需求及相关基础设施发展成长为举足轻重的新兴市场,并迅速地从生产导向型经济体大步迈向消费导向型经济体。

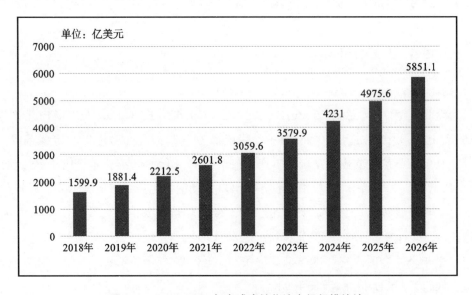

图1-1 2018—2026年全球冷链物流市场规模统计

国际冷藏仓库协会(IARW)数据(见图1-2)显示,2018年美国人均冷库容量达到0.49立方米/人,日本为0.32立方米/人。中国人均冷库容量仅有0.13立方米/人,只约占美国的1/4,反映出国内冷库建设规模仍有较大的成长空间,人均冷链资源水平还有待改善。

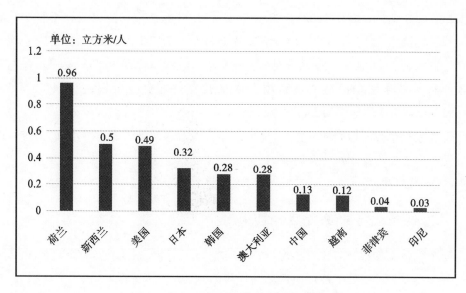

图 1-2　2018 年部分国家人均冷库容量统计

国外冷链物流行业市场中,各个地区的发展不尽相同。美国作为全球农业发达的国家之一,冷链物流市场仍然保持着高增长速度。据美国农业部统计,2019 年美国新鲜、冷冻水果进口总额为 150.6 亿美元,比 2018 年增长 8%。该行业的快速增长带动了物流公司对自身冷链网络的扩大,包括对于冷库的建设与启用。而且,由于美国消费者更倾向于新鲜、易腐烂的食品,这些食品对温度较为敏感,因此也同步带动了冷链技术的研发和应用。加拿大的冷链物流市场增长较为缓慢。据预测,2022—2026 年加拿大的冷链物流市场将以超过 3.5% 的年复合增长率缓慢增长。加拿大冷链物流的发展与跨境贸易息息相关,由于加拿大港口众多,其太平洋和大西洋沿岸的海港分别打开了亚洲和欧洲市场。一方面,加拿大是新鲜、冷藏和冷冻肉类的主要出口国;另一方面,由于加拿大气候寒冷,因此大部分水果和蔬菜依赖进口。

日本在冷链物流方面的发展不仅起步早,而且积累了丰富的经验。同时,受限于其本国人口和消费需求的增长,日本冷链物流市场的增长同样相对较为平缓。相关数据显示,日本冷链物流市场在 2020—2025 年预计将呈现超过 2% 的增长率。一方面,受到新型冠状病毒肺炎(COVID-19)和老龄化等社会因素的影响,日本消费者对于肉类、海鲜和冷冻产品的消费比例正在逐渐攀升;另一方面,日本是世界上最大的医药市场之一,也是先进医疗设施的主要生产商和进口商,随着制药商的产品越来越多地走向世界,日本顶级公司的海外销售份额稳步上升。这两方面的因素,推动了日本对冷链储存和运输设施的需求。东南亚各国家及地区作为全球产业转移关键区域之一,其发展正备受瞩目,2022—2027 年冷链物流市场预计将增长 12% 以上。一方面,东南亚城市人口增长可观,且不断变动的消费者理念带动了冷藏、冷冻产品市场的增长;另一方面,东南亚约生活了 2.6 亿穆斯林消费者,这些消费者正在不断带动清真食品的需求增长。

据相关报告统计,法国在2021—2026年内,其冷链物流市场的年复合增长率预计为3.9%。同时,该报告指出,预计法国市场冷库自动化可能会进一步增加需求。仓库自动化包括云技术、机器人技术、传送带、卡车装载自动化和能源管理。此外,易腐产品贸易的增长预计将有助于法国冷链物流市场在未来几年增加对冷藏解决方案的需求。在2020—2025年内,德国冷链物流市场预计将以超过7%的年复合增长率增长,其中主要增长来源于规模化食品零售业的增长、对加工食品的需求以及健康支出的增加。同时,德国的法规更新将进一步推动对冷藏物流的需求,包括巨大的运输、扩展和现代存储空间的发展,以补充这些变化。

1.1.3 冷链物流行业现行运作模式

冷链物流是一种特殊的物流形式,泛指各类易变质产品在生产、贮藏运输、销售及消费前的各个环节中始终处于规定的低温环境下,以保证产品新鲜度、减少变质损耗、防止运输环境污染的一项特殊供应链系统工程。

冷链物流按照面向的产品分类,主要包括初级农产品、食品、医药、化工、电子等。作为一个快速发展的行业,冷链物流具有完整的产业链,上游产业包括冷藏车、冷库等制冷设备制造产业及原料供应商,中游包括运输及仓储等产业,下游包括超市、市场等终端销售企业。图1-3为中国冷链物流行业全景产业链图。

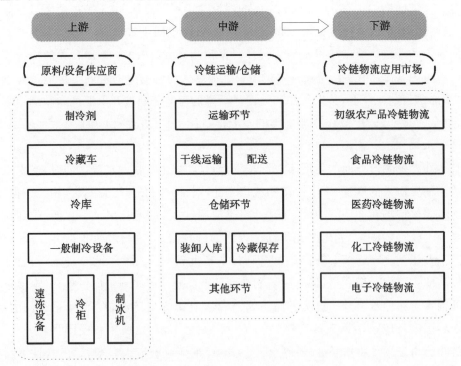

图1-3 中国冷链物流行业全景产业链图

纵观整个冷链物流行业服务商,主要有 7 种模式。

(1)仓储型,以从事仓储业务为主,为客户提供货物储存、保管、中转等仓储服务,属于具备一定规模的物流企业。国内主要有发网仓储公司、锦程仓储公司、凯南仓储公司、中外运仓储公司、中远仓储公司等。

(2)运输型,以从事一些运输业务为主,包括一些干线运输、区域配送以及城市配送。目前我国冷链物流行业按此种模式运营的代表企业有双汇物流、荣庆物流、众荣物流等。

(3)城市配送型,主要包括专业物流服务商、搬家公司、货运公司、邮政和快递企业(主要从事小件、小包裹运输)等。国内按照此模式运营的企业有北京快行线、上海唯捷物流、深圳曙光等。

(4)综合型,集仓储、运输、配送、信息处理等功能于一体,可同时完成商流、信息流、资金流、物流的传递。

(5)供应链型,以物流活动为核心,协调供应领域的生产和进货计划、销售领域的客户服务和订货处理业务,以及财务领域的库存控制等活动,包括了对涉及采购、外包、转化等过程的全部计划和管理活动,以及与供应商、中间商、第三方服务供应商和客户之间的协调和协作。

(6)电商型,主要是生鲜电商企业自主建设的冷链平台,除了自身使用以外,还可以为电商平台上的客户提供冷链物流服务,代表企业有顺丰冷运和菜鸟冷链。

(7)平台型,以大数据、物联网、IT 技术为依托,融合物流金融、保险等增值服务,构建的"互联网+冷链物流"冷链资源交易平台。

冷链设备是整个冷链行业最为核心的部分,冷链物流每个环节均需要配备相应的制冷设备和质量监控管理系统。冷链设备按照冷链物流的各个环节可以大致分为:预冷设备、冷库设备、铁路/公路运输设备、低温销售设备、低温配送设备。以初级农产品冷链物流为例,如图 1-4 所示,在产地预冷阶段采用真空预冷机和冰温预冷机,在储藏阶段采用

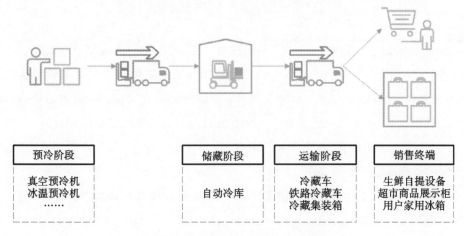

图 1-4　生鲜冷链物流各阶段冷链设备图

自动冷库,在运输阶段配套采用冷藏车、铁路冷藏车和冷藏集装箱,在终端制冷阶段包括生鲜自提设备、超市/便利店商品展示柜和用户家用冰箱/冰柜。

冷链运输主要有陆运、水运和空运三种运输方式。陆运方式最为普遍,包括卡车、拖车、铁路冷藏集装箱和铁路冷藏车厢。卡车(见图1-5)一般指一体式卡车,其制冷箱体是固定在底盘上的,也可以指多功能面包车,车厢后部与驾驶室分开并且进行绝热处理以保持货物温度。拖头牵引的制冷拖车与安装在卡车上的独立式机组相似,但尺寸更大,适用于需要更大制冷量的拖车厢体。铁路冷藏车厢(见图1-6)一般采用集成的自带动力制冷机组,通常用来运输不易腐烂的货物,如柑橘、洋葱和胡萝卜等,具有大容量的特点。

图1-5　冷藏车车厢

图1-6　铁路冷藏车厢及冷藏集装箱

水上冷藏运输主要有两大类,一类是温控集装箱,另一类是冷藏船。冷藏集装箱依靠电力驱动压缩机,其电力由船上的发电机或者便携式发电机提供。当集装箱到达码头之后,被转运到底盘上,像拖车一样由拖头牵引着在陆路上继续运输。冷藏船的货舱为冷藏舱,常隔成若干个舱室。每个舱室是一个独立的封闭的装货空间。舱壁、舱门均为气密结构,并覆盖有泡沫塑料、铝板聚合物等隔热材料,使相邻舱室互不导热。独立的舱室可根据不同的货物对温度进行调整。

航空冷藏运输主要针对一些运输附加值较高、需要长距离运输或者出口的易腐货品,例如鲜切花及某些热带水果等。近来Envirotainer公司推出了新型RKNe1系列航空温控集装箱,它采用机械压缩式制冷方式,使用英格索兰公司冷王(ThermoKing)品牌的

AIR100制冷机组,该航空温控集装箱主要应用于一些特殊的温控运输需求,例如疫苗以及对温度敏感的药品(蛋白质类药物)等附加值很高的产品。

1.2 我国冷链物流行业发展

1.2.1 我国冷链物流行业现状

受益于消费者不断增长的消费需求,国内冷链市场发展迅速,冷链物流总额持续攀升。根据中物联冷链委数据,全国冷链物流需求总量一直保持增长态势,且增速连年上升。其中,2020年受新冠疫情的影响,增速有所下降,国内经济环境有所动荡,从长期来看,受益于经济结构抗风险能力提高,国内经济仍然呈现向好的趋势,冷链物流需求将得到进一步释放。据统计,2015—2019年,全国冷链物流需求总量由1.12亿吨增长至2.61亿吨,复合增速为23.2%。其中,全国食品冷链物流需求由2015年的1.05亿吨增长至2020年的2.65亿吨,复合增速为20%,2020年比2019年增长3191万吨,同比增长13.69%,如图1-7所示。

图1-7 冷链物流需求总量、食品冷链物流需求总量及增速

初级农产品和食品冷链占冷链物流的比重接近90%,是我国冷链物流需求的主导力量,其中又细分为果蔬、禽肉、乳制品等产品。从使用需求来看,如图1-8所示,蔬菜水果为主要冷链物流运输对象,占比分别为27.84%、23.51%。

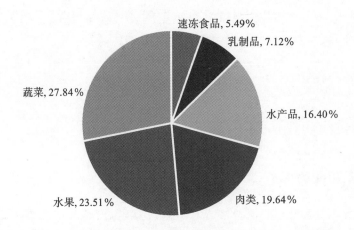

图 1-8 2019 年我国初级农产品和食品冷链物流主要运输种类

与普通物流相比,冷链物流在冷链储藏温度、流通时间、耐藏性三方面均有较高的要求,对运输的产品质量会带来不可逆的影响。因此我国冷链物流的发展情况很大程度上决定了速冻行业的扩张速度。在 2019 年的统计数据中,速冻行业的冷链物流只占整个食品冷链物流的 5.49%,反映出我国冷链物流行业仍存在不足,亟待发展。根据中国产业信息网数据,我国速冻食品行业的规模从 2013 年 800 亿元到 2020 年 1393 亿元,实现了行业规模逐渐扩大(见图 1-9)。

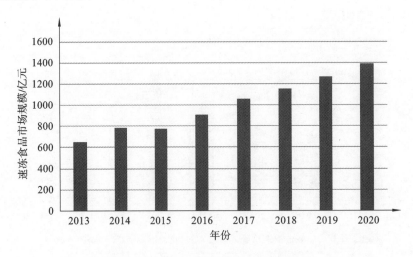

图 1-9 2013—2020 年速冻食品市场规模

尽管中国冷链行业正处于高速发展时期,但与发达国家相比仍有较大的成长空间。对标发达国家,我国冷链基础设施建设有望进一步增强,其中冷库建设和冷藏车建造是冷链设施建设的最核心部分。根据全球冷链联盟(GCCA)数据,中国冷藏仓库容量迅速增长,成为全球冷库总容量增长的主要驱动力,然而城市居民人均冷库容量仍低于全球平均水平。中国是对冷库需求最高的国家之一,也是冷库容量增长最快的地区之一。如图1-10所示,2015—2020年,全国冷库容量由3.74亿吨增加到7.08亿吨,其中2020年新增库容1027.5万吨,同比增长16.98%,复合增速为13.5%。

图1-10 全国冷库容量及增速

冷藏车是指用来维持冷冻或保鲜的货物温度的封闭式厢式运输车。如图1-11所示,中物联冷链委数据显示,2020年全国冷藏车保有量为28.67万辆,较2019年增长7.2万辆,同比增长33.54%;全国冷藏车保有量由2015年9.3万辆增长到2020年28.67万辆,复合增速为25%。

图1-11 全国冷藏车保有量及增速

1.2.2 后疫情时代我国冷链物流行业发展趋势

新冠肺炎疫情暴发之后,各行各业的产业格局都发生了巨大的变化,作为保证居民正常生活的冷链物流行业受到极大的重视。后疫情时代,在其他行业的影响下,冷链物流行业保持着稳定的发展。预制菜、烘焙、新式茶饮、休闲零食等细分市场的火爆影响,以及在新零售、生鲜电商等"传统"赛道的进一步增长之下,中国冷链物流市场发展持续向好。据中物联冷链委统计,2020年我国冷链物流市场规模达4850亿元,比2019年增长1070亿元,同比增长28.31%。据中商产业研究院预测,2025年我国冷链物流市场规模将达5669亿元(见图1-12)。

图1-12 我国冷链物流市场规模及增速

根据中物联冷链委数据,全国冷链物流总额一直保持增长态势,且增速连年上升,其中,2020年受新冠疫情的影响,增速有所下降。据统计,2015—2019年,全国冷链物流总额由2.6万亿元增长至6.11万亿元,复合增速为19.7%(见图1-13)。

图1-13 全国冷链物流总额及增速

然而我国冷链物流行业规模逐渐扩大的同时,行业发展仍存在一定的问题,其中之一就是行业集中度并不高。中物联冷链委统计数据显示,2015年,我国冷链物流行业百强企业总营业收入为173.9亿元,占冷链物流行业市场规模的9.7%。随着国内冷链业务的迅速发展,2019年我国冷链物流行业百强企业总营业收入为549.8亿元,占冷链物流行业市场规模的16.2%(见图1-14)。冷链物流行业百强企业总营收逐渐增长,占整个行业总营收的比重逐渐增加,反映了国内冷链市场企业集中度进一步加强。

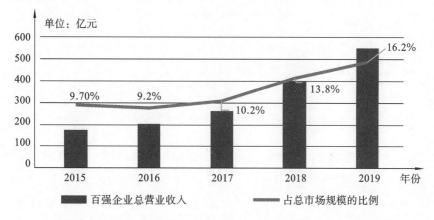

图1-14 全国冷链物流行业百强企业总营业收入与占市场总收入比例

国内百强冷链物流企业的地区分布存在不均匀的情况,多数企业分布在华东地区,远超其他区域,行业冷链资源有待整合协调。根据《2021食品冷链物流自有运力50家重点企业分析报告》,50家企业中华东区域入围企业为23家,数量最多(见图1-15)。华东区域是冷链运力最为集中的区域。

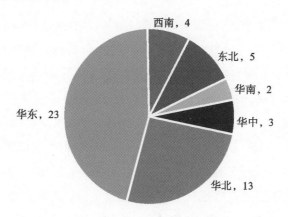

图1-15 百强冷链物流企业地区分布

冷链物流的发展与民生问题息息相关,近年来冷链需求快速增长,得到国家层面的高度重视。自2010年发改委提出加快冷链物流行业发展、提升农产品冷链流通率以来,政府陆续推出了一系列完善冷链产业的相关政策,特别是2019年中央政治局将城乡冷链物流设施建设作为补短板工程纳入会议,国家推动冷链物流设施建设的意图明显,这也使得2020年政府对冷链物流的政策意见出台尤为密集,各类规划文件超过56项。伴随冷链政策不断落地,预计行业发展将长期享受改革红利。据中物联冷链委不完全统计,2020年1月至2021年8月发布的冷链物流标准共有38项,其中国家标准4项,行业标准13项,地方标准14项,团体标准7项,涉及进出口冷链、冷链设备、食品冷链、疫苗冷链等多维度。

1.3 湖北省冷链物流行业发展情况

1.3.1 湖北省冷链物流行业发展现状

湖北省位于我国中部,东邻安徽,西连重庆,西北与陕西接壤,南接江西、湖南,北与河南毗邻,素有"九省通衢"之称,地理位置十分优越,全省总面积18.59万平方千米,常住人口超5775万人,约占全国人口的4.09%。省内有长江、汉江等多条河流流通,有G55、G42等多条重要高速干道交汇,更有武汉天河机场、鄂州花湖机场等交通运输枢纽。基于得天独厚的地理优势以及水运、空运、陆运等方面的流通优势,湖北省冷链物流行业具有广阔的发展前景。

湖北省整个冷链市场以农产品为主导,自产生鲜农产品主要包含水产品、肉类、禽蛋类、水果类及蔬菜类五大类。国家统计局公布的数据显示,2020年湖北省农业总产值3492.5亿元,占湖北省生产总值的8.0%。其中水产品产量469.5万吨,占全国总产量的7.2%;肉类产量307.4万吨,占全国总产量的4.0%;禽蛋类产量178.8万吨,占全国总产量的5.2%;水果产量1066.8万吨,占全国总产量的3.7%;蔬菜产量4119.4万吨,占全国总产量的5.5%。其中每年生鲜农产品进入流通领域的数量大幅增加,冷链物流比例逐步提高。目前,湖北水产品、禽蛋、肉类、水果、蔬菜冷藏运输率分别达到24.16%、19.03%、18.87%、14.62%、9.14%,总体上高于全国平均水平,冷链物流规模增长迅速。湖北冷链物流以山绿冷链、武汉肉联、三峡物流园、荆州圳韬、黄石冷冻等企业为龙头,形成了一批区域性冷链物流集散地,集聚了一批包括冷链生产加工、批发市场配套、第三方冷链物流、超市内部配套、冷链管理咨询以及设施设备供应的冷链业务企业群,同时,以生鲜农产品为加工对象的生产、流通、存储与消费冷链也逐步完善。

在医药冷链领域,湖北省医药相关产业在新冠疫情蔓延的大背景下迅速发展。部分企业发展迅速,同时带动了医药冷链存储和物流运输的产业发展,其中,中国医药集团武汉生物制品研究所和华大集团是涌现出的代表企业。目前,基于医药政策导向及医药物流规模快速增长,业务需求多样化、订单碎片化、物流降本增效等对医药物流服务水平提出了更高的要求,驱动医药物流向数字化、智能化、智慧化方向发展。

在冷链运输方面,湖北省目前有武汉、襄阳、宜昌等重要的交通枢纽地区,位于武汉市江夏区的中车长江车辆有限公司是铁路冷链运输装备研发设计及生产制造的龙头单位。湖北省正依托武汉国家物流枢纽和国家骨干冷链物流基地、宜昌国家物流枢纽等打造具有全国乃至世界影响力的长江冷链物流经济带,力争建设成为长江经济带冷链物流战略高地和"一带一路"国际冷链物流进出口资源配置中心。

在冷链物流仓储方面,湖北省冷库等基础建设日渐完善。通过对省内冷链物流重点企业的调查,目前冷库数量为5342座,库容量达到799万吨,其中25家企业拥有万吨以上冷库,山绿冷链、白沙洲市场、武汉肉联、三峡物流园四家企业均拥有5万吨以上冷库,最大的三峡物流园达到10万吨。部分企业已拥有钢结构单体拼装冷库、气调库、"三层温"冷藏车、出货升降台、门封等现代化冷链物流基础设施。随着全省冷库建设和运营的发展,冷库的经营模式也呈现出多样化的特征。

1.3.2 湖北省冷链物流行业发展优势

1. 农产品冷链物流发展优势

湖北处于中国地势第二级阶梯向第三级阶梯过渡地带,周边地势较高且中间多为平原,总体上南部较为平整,北部多盆地。地貌类型多样,山地、丘陵、岗地和平原兼备,风貌各异。除平原外的其他地势共占湖北省总面积的80%,地势高低相差悬殊,水资源尤其丰富。多元化的地理风貌、温度适宜的气候环境以及不可多得的淡水资源优势使得湖北自古以来一直都是农业生产大省,农产品生产产量常年稳居全国前五。表1-1所列为湖北省各地区特色农产品。

表1-1 湖北省各地区特色农产品

城市	特色农产品
武汉市	洪山紫菜苔、蔡甸莲藕、黄陂芦笋、汉南甜玉米、黄陂马蹄、江夏子莲、麦地湾萝卜、塔尔柿子、李集小香葱、梁子湖大河蟹、喜鹊湖黄鳝等
黄石市	金柯辣椒、保安水芹菜、阳新把竹、大冶云雾茶、仙岛湖天然野菜、灵溪豆豉、保安狗血桃、韦源口螃蟹、阳新番鸭、大冶春鱼等
襄阳市	大头菜、四井岗油桃、襄麦冬、南漳黑木耳、平临镇大米、流水西瓜、襄阳白菜、老河口大仙桃、枣阳半枝莲、铁棍山药、保康高山蓝莓、老河口银鱼等
荆州市	洪湖莲子、笔架鱼肚、荆州鱼糕、公安葡萄、洪湖莲藕、荆州大白刁、洪湖大闸蟹、监利河蟹、监利黄鳝、天鹅洲荻笋、公安牛肉、桃花鸡蛋等

续表

城市	特色农产品
宜昌市	百里洲砂梨、宜都蜜柑、宜昌蜜橘、秭归脐橙、远安香菇、宜昌红茶、兴山锦橙、双莲荸荠、五峰绿茶、清江鱼、天麻等
十堰市	房县黑木耳、房县北柴胡、房县香菇、竹溪贡米、丹江口翘嘴鲌、竹山肚倍、竹溪黄、黄龙鳜鱼、丹江口鳊鱼、郧西马头山羊肉等
孝感市	南乡萝卜、汉川辣椒、汉川麻鸭、安陆白花菜、大悟花生、孝感米酒、孝感糯米、孝感早蜜桃、云梦白花菜、汈汊湖莲子、观音湖绿茶、杨店水蜜桃等
荆门市	京山桥米、漳河水库草鱼、钟祥长寿村鸡蛋、七里湖萝卜、漳河水库翘嘴鲌、大口蜜桃、钟祥香菇、沙洋长湖鳊鱼、沙洋长湖河蟹、京山白花菜、旧口砂梨等
鄂州市	武昌鱼、沼山胡柚、梁子湖螃蟹、鄂城桂鱼、涂镇藠头、杨林胡白莲、茅草红菜薹、梁子湖红菱、坝角香稻、鄂州螃蟹、鹅城长条茄等
黄冈市	罗田板栗、巴河莲藕、英山桔梗、叶路大蒜、麻城黑山羊、黄梅鱼面、东山老米酒、散花藜蒿、大别山黑山羊肉、麻城辣椒、黄梅青虾等
咸宁市	通山乌骨山羊、赤壁竹笋、隐水枇杷、桂花糕、崇阳雷竹笋、咸宁桂花、杨堡辣椒、嘉鱼莲藕、潘家湾蔬菜等
随州市	随州泡泡青、随州古银杏、随州蜜枣、洪山鸡、广水胭脂红仙桃、草店香菇、殷店大米、随州油桃、菜豌豆等
恩施土家族苗族自治州	利川工夫红茶、利川莼菜、来凤凤头姜、巴东独活、利川黄连、利川山药、宣恩火腿、巴东大蒜、恩施黄牛肉、景阳鸡、建始猕猴桃等
仙桃市	沔阳麻鸭、仙桃香米、沔城莲藕、沙湖豆皮、芦林湖村藕带、仙桃菱角、仙桃黄鳝等
潜江市	潜江龙虾、潜江米茶、太子米、黄湾藕等
天门市	张港花椰菜、义河蚶、天门鳝鱼、天门苋菜、天门甜瓜、天门生姜等
神农架林区	神农架野板栗、神农架洋芋、神农百花蜜、黄芽杆菜、神农架黑木耳、金丰猕猴桃、神农架麻豆、天麻、红景天、灵芝草等

在农产品冷链物流方面,冷链物流的发展大幅度提高了湖北省农产品的产品附加值,通过冷库存储后错峰销售或加工销售,产品价格比原来提高1～3倍。如小龙虾,通过冷藏冷冻后,收购价从过去的每斤1～2元,上升到每斤6～7元。综合计算,每年使企业、农产品增收数亿元。农产品销售难问题得到了缓解,冷链物流的发展促进了省内产品的外销,蔬菜、水果、肉类、禽蛋、水产品外销量分别达到643.31万吨、322.34万吨、129.35万吨、34.05万吨、66.27万吨,外销率分别达到23.9%、55.1%、33.1%、21.2%、24.9%。此外,湖北省冷链物流极大地促进了地方经济发展,如宜昌的柑橘、潜江的小龙虾、仙桃的鳝鱼,都是依靠冷链物流行业的发展而成了当地的支柱产品。

湖北省具有先进的蔬菜产业技术体系,拥有国家重点蔬菜科技项目首席专家进行蔬菜新品种研发,此外,在湖北省蔬菜产业科技支撑方面,武汉大学、江汉大学、长江大学、湖北大学以及一批市州级农科院所、蔬菜所都发挥着重要作用。并且湖北省具有特色蔬菜品种种植技术,例如武汉市蔬菜科学研究所具有水生蔬菜培育技术,并已在省内进行推广;湖北省蔬菜研究所的高山蔬菜品种研究居于全国先进水平,目前湖北高山蔬菜的种植面积达到了 210 万亩,总产量达 570 万吨,年外调量 380 万吨以上,位列全国第一。2020 年湖北省的蔬菜的商品率、产值以及蔬菜的加工和净菜上市比例都较 2019 年有了不同程度的提升,总产量达到了 4119.4 万吨,产值超过 1525 亿元。随着蔬菜产业的不断发展,湖北省武汉的舵落口以及白沙洲等重点批发市场经过整合,最终成为我国中部地区最大的蔬菜交易市场,蔬菜产量也随之不断增加。

湖北地处长江中游,洞庭湖之北,素有"千湖之省、鱼米之乡"的美称,境内水系发达,河流纵横,水域广阔,湖泊水库星罗棋布,有发展淡水产业得天独厚的条件,产出的水产品主要有鱼类、虾蟹类、贝类三大类。据统计,2019 年湖北省水产品养殖面积达到 531.6 千公顷,水产品总产量达到 469.54 万吨。如图 1-16 所示,2019 年湖北省水产品中鱼类产量占比 74.4%,虾蟹类产量占比 24.0%,贝类产量占比 1.4%,其他占比 0.2%。近年来,湖北省小龙虾产业发展迅猛,养殖规模不断扩大,加工产业不断升级,餐饮产业不断壮大,已成为湖北省优势特色产业。2020 年,湖北全省小龙虾养殖面积 849 万亩(稻田养虾 735 万亩、池塘养虾 114 万亩),产量达到 98.2 万吨。湖北已形成小龙虾苗种繁育、养殖生产、加工出口、流通物流、餐饮娱乐、电子商务的产业链条,综合产值达 1047.5 亿元,居全国第一。大力加强湖北小龙虾冷链物流行业的发展,必将促进产业进一步做大做强。

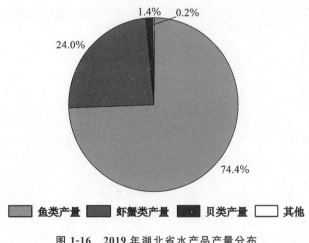

图 1-16　2019 年湖北省水产品产量分布

2. 医药冷链物流发展优势

在医药冷链方面,湖北省药品经营企业已完成企业间的整合,形成了以华润医药、国药控股、上海医药、南京医药等大型央企、国企为主的医药流通企业,以九州通、人福医药为代表的民营医药流通企业,以及以北京盛世华人供应链管理有限公司为代表的专业医药冷链物流企业并存的市场格局,此类医药流通企业均在湖北省建立了地/市级、县级分子公司和存储配送体系。与此同时,随着医药电商的试水,也涌现了一批以"小药药""益丰大药房"等为代表的医药2B电商平台与实体门店相结合的销售网络,医药电商平台的仓储运输等同样纳入药监局监管体系。与医药流通企业不同,专业医药冷链物流企业是服务于医药工业企业和医药流通企业的、专门从事运输和第三方物流整合的专业化企业。京东、顺丰、民航快递等大型物流快递企业均成立了相应的医药事业板块,除满足于自身电商平台的医药2C业务外,还为未来从事医药第三方业务服务建立网络奠定了基础。

3. 冷链物流运输发展优势

在发展冷链运输方面,湖北省是我国重要的交通枢纽和物流枢纽。空运方面建成有武汉天河机场、鄂州花湖机场等交通枢纽,陆运方面建成有318、316等国道线以及京广线、京九线、宜万铁路等铁路干线,水运方面拥有武汉、宜昌、沙市等重要港口,湖北省内各大城市之间以及与其他省市地区已经形成了发达的水陆空综合交通网。

湖北省省会城市武汉位于长江中游城市群和"1+8"城市群中,城市化发展迅速。以国家冷链规划为依托,一纵冷链主通道、一横冷链主通道、郑海冷链主通道和郑夏冷链主通道均通过武汉吴家山,满足多种产品向多地区运输的需求。2021年,武汉获批建设陆港型国家物流枢纽,为冷链物流的发展提供了极大的便利。

此外,位于武汉市的中车长江车辆有限公司是我国铁路冷链物流运输企业的突出代表,研制了新一代BH10型单节机械冷藏车、纯电动冷藏集装箱、隔热保温集装箱等新型装备,为我国冷链运输装备的技术升级做出了杰出贡献。

4. 冷链物流专业人才培养优势

湖北省是教育大省,为冷链物流专业人才培养提供了广阔的平台。省内31所本科院校、40所专科院校开设有物流管理专业,6所本科院校开设有物流工程专业,占全国比重相对较高。2019年华中科技大学能源与动力工程学院建设的湖北省智慧冷链物流工程技术研究中心是湖北省冷链行业首个工程技术研究中心,为提升专业学科建设、推进冷链物流发展提供了平台。中南建筑设计院股份有限公司(CSADI)、中铁第四勘察设计院集团有限公司(铁四院)、武汉现代物流研究院有限公司、湖北省现代物流发展促进会、湖北物流发展研究中心、湖北省农业科学院农产品加工与核农技术研究所等设计研究中心为促进冷链物流发展提供技术、人力保障,承接多个冷链物流相关项目,促进了全省现代物流业健康有序发展。

1.3.3 湖北省冷链物流行业发展趋势

湖北省地处我国中部,农业资源丰富,生鲜农产品产量及生产面积逐年上升。冷链物流业已形成以优质生鲜、特色农产品为基础,以区域性流通大市场、枢纽性冷链集散地为中心,以生产、流通、加工及进出口一体的多类企业为冷链节点的网络格局,呈现出多元化、多样化的发展特点。湖北省统计局网站数据显示,湖北省农产品的生产与销售收益在近几年呈现大幅度提升态势,不仅带动了全省冷链物流的高速发展,而且促进了湖北省农产品冷链物流朝着高标准和现代化的方向前进。预计今后湖北省生鲜农产品仍有较大的增长潜力,会继续推动冷链物流行业的快速增长。冷链物流发展对我省降本增效,促进经济高质量发展具有重要意义。近年来,依托枢纽交通的区位优势、自贸试验区的发展优势、长江经济带的战略优势、新产业新技术的动能优势,湖北冷链物流发展总体态势良好。在未来的15年里,湖北省将有3000万人口从乡村搬迁至城镇,而城市人口生鲜食品的销量是农村市场销量的数倍以上。全程冷链保鲜可以最大限度地保证生鲜农产品在运输环节的品质,降低耗损,以有效地增加土地资源利用率。

冷链物流企业数量、冷藏车辆、冷藏库等均是衡量冷链物流发展的重要指标。2016年《湖北省现代物流业发展"十三五"规划》便已指出,要大力推进农产品冷链物流、航空物流、铁路物流、国际物流与保税物流、电商与邮政速递物流等重点物流领域的发展。近年来湖北省政府相继发布的《农产品仓储保鲜冷链设施建设实施方案》《关于促进农产品流通的若干措施》等政策中,也提出要不断加大对冷链物流产业设施的投入,促进冷链物流的储存、运输等多方面能力提升。然而,湖北省冷链物流发展面临诸多问题。

冷库建设落后,容量严重不足,且湖北省冷库建设的结构也存在不均衡问题;冷链车占货运车辆的比例低于全国0.3%的平均水平,远低于发达国家2%~3%的水平。据初步估算,湖北省果蔬在农产品物流"最初一公里"过程中的腐损率高达10%以上,此阶段的温控和包装等因素对农产品的后续影响还将导致干线运输、配送过程损耗高达20%以上,而发达国家则控制在5%以内。冷链物流企业规模不大、实力不强,缺乏具有一定实力与技术的冷链物流平台,企业通常仅聚焦冷链物流某一个环节的优化与资源调度,难以从行业视角出发,以冷链物流体系或供应链市场为出发点,对供应链、产业链的资源进行协同与整合。信息化程度较低、第三方冷链系统的成熟度不够、缺乏先进的冷链物流模式、企业主体不均衡、规模较小、行业集中度较低、运营成本高、服务网络不健全等问题也都在制约着湖北省冷链物流的发展。

在未来的冷链物流发展中,应积极把握数字化和工业化融合发展机遇,顺应经济社会高质量发展和百姓生活高品质发展趋势,推进冷链物流重点工程建设,提升信息化水平,强化资源整合,加强相关标准的制定与完善,培养专业人才,将冷链物流的发展与实施标准化、流程化。

第 2 章 湖北省冷链物流布局与发展展望

2.1 冷链物流布局

2.1.1 冷链物流企业分布情况

湖北省地处我国中部,农业资源丰富,生鲜农产品产量及生产面积逐年上升。根据湖北省统计局网站数据,湖北省农产品的生产与销售收益在近几年呈现大幅度提升态势,不仅带动了全省冷链物流的高速发展,而且促进了湖北省农产品冷链物流朝着高标准和现代化的方向前进。预计今后湖北省生鲜农产品仍有较大的增长潜力,会继续推动冷链物流行业的快速增长。冷链物流发展对我省降本增效,促进经济高质量发展具有重要意义。近年来,依托枢纽交通的区位优势、自贸试验区的发展优势、长江经济带的战略优势、新产业新技术的动能优势,湖北冷链物流发展总体态势良好。

2020年湖北省现代物流发展促进会对全省17个地市州的282家样本冷链物流企业进行了调研汇总,具体分布如图2-1所示。

(1)以武汉为中心的武汉"1+8"城市圈的冷链物流企业的数量是121家,占总数的42.9%。

(2)鄂西南地区的冷链物流企业的数量是53家,占总数的18.8%。

(3)鄂西北地区的冷链物流企业的数量是91家,占总数的32.3%。

(4)地处江汉平原核心区域的荆州市的冷链物流企业的数量是17家,占总数的6%。

(5)从事医药及相关业务的冷链物流企业10家,占总数的3.5%。

图 2-1　湖北省样本冷链物流企业分布

2.1.2　区域冷链物流需求情况

湖北冷链物流业已形成以优质生鲜、特色农产品为基础,以区域性流通大市场、枢纽性冷链集散地为中心,以生产、流通、加工及进出口一体的多类企业为冷链节点的网络格局,呈现出多元化、多样化的发展特点。

(1)武汉"1+8"城市圈:鄂州市、黄石市、潜江市、咸宁市为水产品、蔬菜的主产区;黄冈市是中药材、优质绿茶、板栗等的主要种植区。

(2)鄂西南地区:宜昌市、恩施土家族苗族自治州为高山菜、山野菜、优质甜橙、柑橘、魔芋、绿茶、蜂产品等的主产区。

(3)鄂西北地区:随州市、襄阳市、十堰市、神农架林区为黑木耳、香菇、绿茶、魔芋、蔬菜、家禽、中药材等的主产区。

(4)地处江汉平原地区:荆州市、天门市、荆门市为水产品、水禽、蔬菜的主产区。

湖北省的冷链物流产业正依托湖北长江经济带沿江地区特色农产品和黄金水道优势,打造长江流域食品冷链经济带;依托武汉白沙洲农副产品大市场、汉口北四季美农贸城、武汉万吨·华中冷链港等流通大市场的吞吐量大、辐射力强优势,构建武汉城市群生鲜产品冷链圈;借助十堰堰中蔬菜市场、宜昌金桥果蔬市场、襄阳农产品交易中心、鄂西北粮油大市场、恩施华硒生态农产品批发交易市场等区域型大型批发市场的流通节点网络,建设鄂西生态食品冷链区。我省冷链物流生态区域布局初步形成。

总体而言,我省冷链物流行业已基本形成以生鲜和名品优产农产品为基础,以区域性流通大市场、枢纽性冷链集散地为中心,以生产、流通、加工及进出口一体的多类企业为冷链节点的冷链物流网络体系,呈现出多元化、多样化的发展格局。其中,我省淡水产品产量连续20年保持全国前列,虾蟹出口量多年领跑全国,茶叶、柑橘、蔬菜产量及生猪出栏量进入全国第一方阵。

2.1.3 区域冷库基础设施建设情况

据中物联冷链委不完全统计,2019年湖北冷库容量为433.82万吨,折合1084.55万立方米,位居全国第六位。2019年全国冷库可出租面积超376.55万平方米,湖北可出租面积为28.35万平方米,位居全国第三位。2020年湖北省现代物流发展促进会对全省282家样本冷链物流企业进行了调研,全省的冷库建设基本情况如表2-1所示。

表 2-1 湖北省冷库建设基本情况

区域	库容量/立方米			
	总库容量	冷藏库	冷冻库	气调库
武汉	3636869.08	406070.3	1491156	22780
襄阳	765366.5	300240	209964	82520
宜昌	953724.1	261577	549024.7	32172.3
黄石	390252	79836	59516	3400
黄冈	461597	199417	152830	87970
孝感	325250	102960	94890	38470
咸宁	1007750	609375	334375	64000
潜江	159690	16303	47835	0
随州	406140	87778.3	172640	145821.8
鄂州	544980	20566	517104	1610
荆州	351613	106748	238697	8800
天门	82191	36871	27920	0
仙桃	453373.5	234250	106224	16000
荆门	337310	130780	97597	2489
十堰	466744	225310	90330	90330
恩施	119653	158848	40965	12540

2.1.4 发展建议

(一)优化产业布局,完善湖北省冷链物流体系

根据湖北省现有的冷链物流基础,综合考虑未来市场的发展潜力,着力构建"一核主

导、两轴支撑、三区协同"的公共型三级冷链物流发展布局,支持湖北冷链物流做强龙头地位,发挥辐射引领作用。

(1)突出以武汉为"核心"的一级冷链物流枢纽龙头作用,辐射中部乃至全国,围绕服务湖北省重点农产品发展和生活消费需求,建设主要面向生鲜农产品的冷链集散和联运、设施集约的冷链物流枢纽,重点服务各大经济区的省际冷链物流需求和沿线城市对外冷链物流需求,同时带动二级重点地级市冷链物流枢纽和三级县域冷链物流基地的共同发展。

(2)紧扣重点农产品产区与城市间的冷链物流合作发展,以当地主导农产品为抓手,沿"汉襄""汉宜"两轴,以整合优化存量冷链物流设施为主,以统筹补齐冷链物流枢纽设施短板为辅,布局二级重点地级市冷链物流枢纽。作为承上启下的集散冷链物流枢纽,向上承接一级核心冷链物流枢纽的农产品下行资源,加强一、二级冷链物流枢纽之间干线生鲜农产品的资源衔接;向下集合农产品产地的农产品资源,促进干线和支线冷链物流的一体化发展。一方面,强化对核心冷链物流枢纽农产品资源的"散",注重与核心冷链物流枢纽分工协作和有效衔接;另一方面,强化对三级县域冷链物流基地农产品资源的"集",注重向周边城市以及县域地区的辐射能力。

(3)在"鄂西北""鄂西南""鄂东南"三个片区,重点布局一批具有集中采购和跨区域配送能力的三级县域冷链物流设施补短板项目,建设一批立足田间地头、设施功能完善、经济效益良好、紧密衔接市场的农产品仓储保鲜冷链设施,强化与重点地级市冷链物流枢纽的联动,有序推进重点骨干冷链物流基地储备建设工程,打造湖北省冷链物流基础设施骨干网的支撑,形成便捷高效、服务融合、协同运作的发展格局。

(4)在核心冷链物流枢纽内,建设智慧型冷链综合服务平台和冷链物流调度平台,充分利用冷链"云平台"上的信息共享、交易撮合和冷链物流资源一体化调度等功能,有机连接湖北省的三级冷链物流体系。

(二)加强空间规划,构建内联外通的冷链物流通道

构建以国家干线冷链物流通道为主动脉的内联外通冷链物流通道。一是巩固陆路冷链物流通道综合优势,二是提升航空冷链物流通道服务能级,三是补齐内河航运冷链物流通道短板,推动形成货畅其流、经济便捷的跨区域"两横两纵"冷链物流大通道。

(1)两横冷链物流大通道即"长江冷链物流大通道"和"汉十冷链物流大道通"。

(2)两纵冷链物流大通道即"京广冷链物流大通道"和"二广冷链物流大道通"。优化完善京广、二广等贯通南北的纵向通道,依托湖北国际物流枢纽项目(鄂州花湖机场)和武汉天河机场等便捷高效的航空运输网络,构建空中国际冷链物流通道。

(三)完善服务网络,实现冷链物流一体化运营

1. 强基础建设,进一步完善冷链物流基础设施网络

优化冷链物流基础设施布局,优先利用国家和省级示范冷链物流枢纽(园区)、冷链物流集配中转基地,推动冷链物流资源在空间上集中布局。完善提升冷链物流基础设施,高起点规划建设一批专业化冷库、区域冷链分拨中心、通关保税等冷链物流基础设施,通过资本合作、设施联通、功能联合、平台对接、资源共享等市场化方式打造优势互补、业务协同、利益一致的合作共同体。强化冷链物流枢纽(园区)设施与物流通道的连接,大力发展先进的冷链物流的装备设施,鼓励采用先进冷链物流技术和运营模式,解决冷链物流"最初一公里"和"最后一公里"问题,促进多种冷链运输方式的顺畅衔接和高效中转,构建便捷、高效的冷链物流基础设施网络。

2. 强运营管理,构建农产品冷链物流"上行+下行"产销网络

一方面,以畅通产地农产品上行通道为目标,在湖北三大城市群即武汉城市群、襄十随神城市群、宜荆荆恩城市群新建及改建一批具备在低温条件下中转、分拨、储存功能的重点地级城市冷链物流枢纽,形成高效、安全、便捷的农产品冷链物流"销地网络",提高农产品冷链物流销地网络的综合服务能力,打通冷链物流"最后一公里",促进湖北省优势特色农产品"走出去"。重点新建或改建园区型、平台型、复合型农产品冷链物流园区,优先发展面向城市消费的以冷藏、低温为重点的冷链物流快速配送处理中心,扩展具备集中采购、冷藏保鲜、快速分拨、加工处理、分拣包装、跨区域配送功能的"中央厨房"或净菜加工生产基地,推广"农批零对接""农超对接""农校对接"等新零售模式,提高冷链物流产业的集聚发展。

另一方面,以畅通农产品下行通道为目标,在湖北省蔬菜、水果、畜禽、水产养殖等特色农产品产区,建设农产品冷链物流产地网络,形成"县+乡+村"冷链物流基础设施骨干网,打通冷链物流"最初一公里"。重点推动龙头企业下沉市场,盘活各级供销合作社存量仓储、土地资源,建设包括农产品预冷、初加工、储存、拣选包装、分拨集散的农产品产地仓,择优选取一批特色农产品优势区,结合湖北省城镇居民对生鲜农产品、特色农产品的消费需求,建设区域性产地冷链基础设施,功能包括农产品冷藏速冻、自动化清洗分级、加工包装、信息处理和交易服务等。结合"一村一品、一镇一业"特色农业发展和省供销社新型乡村助农服务示范体系"百千工程"建设,在主要的田间地头布局具有快速移动、预冷保鲜等功能的田头仓储冷链物流基础设施。

3. 强数字赋能,建立冷链综合服务数字平台网络

建立冷链物流信息互联互通机制,搭建冷链物流资源共享的冷链综合服务平台网络,积极推进冷链资源整合和流程优化,提升冷链物流信息综合服务平台的兼容性和开放性,

促进冷链物流订单、冷链仓储运输、农产品质量安全追溯、支付结算、供应链金融等业务信息的集成高效流动,提高冷链物流供需匹配效率。强化冷链综合服务平台与其他领域专业信息平台的资源共享,促进各类平台之间的互联互通和信息共享,构建跨行业、跨区域的冷链物流信息服务网络,推动冷链物流运营企业与制造业、商贸领域龙头企业的深度对接,在冷链物流全领域为各类企业提供全程智慧化的供应链服务。

2.2 发展展望

2.2.1 进一步提升湖北省冷链物流信息化水平

我省目前尚未建立完善的冷链物流信息网络,也未建立完善的冷链物流监管体系。在农产品的生产和经营过程中缺乏提供信息的网络平台,进而产生了信息不对等的现象,导致供求不平衡、信息失真等问题。为了确保生鲜食品的安全,必须在整个运输过程中对生鲜食品进行追踪,并且必须实时掌握每个环节的食品状态以防止食品发生安全问题。当前我省对新鲜食品的运输监管不足,可追溯性信息系统还不完善,无法实现食品安全供应链的全面管理和跟踪管理,从而无法提供准确的可追溯性数据。由于信息的不对称性,可追溯性系统并不完善,一旦出现问题无法第一时间确定哪个环节有问题,找不到责任人,无法追究责任。因食品质量和安全信息的不透明,无法有效地管理供应链中的生产、包装、运输和存储等各环节。

针对以上问题主要从以下四个方面来提升冷链物流信息化水平:

1. 建设冷链物流追溯系统

通过应用条形码、全球定位系统、传感器技术、移动物流信息技术、电子标签等技术,建立区域性的冷链物流质量安全全程监控系统,实现全程可追溯的冷链物流监测系统,保障冷链物流全程不断链。

2. 建设公共型智慧冷链物流信息服务平台

依托全省农产品冷链物流中心,充分发挥政府的引导作用,运用5G、云计算、人工智能、物联网、区块链等新一代信息技术构建冷链大数据服务平台。充分运用物联网、云计算、大数据、人工智能等先进技术,以全国冷链运营调度中心和遍布全国的系统冷链仓储园区为依托,建设冷链仓储物流数据信息收集、处理、发布和追溯系统,打造湖北省公共冷链物流信息平台,形成全国供销合作社系统冷链物流资源"线上一张网"。为生鲜农产品流通、交易及质量检测追溯提供基础保障,促进农产品物流、商流、资金流、信息流"四流合一",实现冷链资源交易可视化、透明化。

3. 建设公共型冷链物流运输平台

基于冷链物流环节中的运输管理,包含前端取货、干线、零担、整车、中转发运、落地配送等环节,在不同节点,按实际需要配备相应冷链运输车辆,鼓励冷链物流企业对业务全流程数据进行标准化的采集、分析、整合,加强市场信息、客户服务、仓储管理、运输管理和交易管理等应用系统软件开发,健全冷链物流作业的信息收集、处理和发布系统,全面提升冷链物流业务管理的信息化水平。

利用互联网平台技术,实现分级分区管控,将订单、配送、温控、定位等功能实时反馈在运输配送信息平台,实现省级统筹调控。大力发展农产品干线运输和城市配送,探索"多温共配"模式,使用多温层城市配送车辆,实现生鲜农产品集约化、规模化配送,积极融入国内冷链物流大循环体系。

4. 建设公共型冷链物流产业联盟平台

通过股权投资、业务合作、品牌输出等方式,推进系统内企业纵向合作和横向联合。发挥系统产业联盟作用,加强与系统外行业龙头企业交流合作,促进商品、信息、物流资源共享,推进系统内外企业联合合作,形成供销合作社农产品流通企业集群。

2.2.2 进一步加大冷链物流专业人才培养

湖北省素有"千湖之省"之称,是淡水渔业和农副产品的产出大省,冷链产业发达,冷链物流专业人才的匮乏,已成为制约我省冷链物流快速发展的瓶颈,亟待突破。只有培养一批具备科技创新能力的冷链物流人才,才能为湖北省农产品冷链物流发展提供坚实保障,助推我省冷链物流产业的健康快速发展。主要从以下几个方面开展冷链物流专业人才的培养,提升冷链物流从业人员的专业技能和综合素质。

1. 解决一线工作人员对装卸、温控不严等操作流程不规范问题

培养在"预冷—包装—贮藏入库—保鲜—出库—库温控制—装卸—搬运—运输—加工—再次包装—商超销售—配送—接收订单—系统指令—出库测温—电商包装—微环境温控技术—宅配—时效统计"等各个环节的规范操作技能。

2. 提升冷链产业的温控要求和标准操作规范

针对六大产品领域(水产、肉蛋类、速冻食品、水果、蔬菜、粮油)的贮藏、运输、保鲜和包装技术等内容进行培训,讲解各环节温控要求与操作标准规范。

3. 学习冷链供应链环节的操作标准和规范

以物流供应链为基础,面向培训对象开展六大冷链环节(产—加—贮—运—销—消)的操作要求与操作规范培训。

4. 创新人才建设模式,提升冷链从业人员素养

一是多渠道加强冷链从业人员培养。采用政府购买服务等方式,与大专院校及专业机构合作培训紧缺人才;由物流行业组织牵头,与各级人力资源保障部门合作,加强从业人员在职培训;与相关研究机构合作,筹划建设冷链物流人才实习基地和校企联合培训基地,推行定向人才培训机制。二是提高冷链专业人员素质。举办行业内的职业技能大赛,宣传先进典型,增进外界对冷链业的了解和认同,提升专业人员整体素质。三是加强高端冷链人才引进。重点引进冷链管理及其相关专业的专业管理人才。制定常态化的人才引进计划、激励政策,引进优秀专业人才,尤其是物流管理(冷链方向)和物流工程技术方面的复合型人才、熟悉冷链业务运作的高级人才,为冷链物流产业的高质量发展提供智力支撑。

2.2.3 进一步开展冷链物流标准化建设及标准的宣贯

当前,我国尚未建立冷链物流的标准体系,而已有的相关标准存在交叉重叠,同时又存在大量的标准空白区。一些标准涉及的技术面广,管理部门多,各方协调难度大。不同的行业标准在操作环节上缺乏兼容性与衔接性,甚至对企业运营乃至行业发展产生了阻碍性作用。目前各冷链物流企业都是按照《物流企业冷链服务要求与能力评估指标(GB/T 31086—2014)》(冷链物流企业星级评估)的评估标准执行。该标准把冷链物流企业分为三个类型(综合型冷链服务、运输型冷链服务、仓储型冷链服务),每个类型分五个等级(一星级、二星级、三星级、四星级、五星级),五星级为最高级别。

截至2021年11月我省共有5家冷链物流企业通过了冷链物流企业星级评估。分别是:武汉中百物流配送有限公司(四星级综合服务型)、湖北三峡银岭冷链物流股份有限公司(三星级综合服务型)、当阳市万里运输有限责任公司(三星级运输型)、武汉汉欧国际物流有限公司(三星级运输型)、宜昌三峡物流园有限公司(三星级仓储型)。加强湖北省冷链物流标准化建设及标准的宣贯对我省的冷链物流产业发展具有重要意义,具体内容包含:

1. 积极推进冷链物流标准制定

修订湖北省冷链物流地方标准,加强省内冷链物流标准与国内国际冷链物流标准之间的衔接,建立覆盖全链条的冷链物流技术标准和温度控制要求。制定冷库建设和冷藏车认定指导标准,严格确定准入门槛,建立全省冷链标准化托盘、周转筐(箱)等的"共享共用池"。

2. 大力开展冷链物流标准化试点

组织开展冷链物流标准化示范创建活动,推进冷链物流的技术设施和服务水平提升。

升级改造或新建符合实际的标准化冷库,对与标准冷库相关联的叉车、货架、月台等设备设施进行标准化改造,形成相互配套、有机结合、互相支撑的标准化设备设施体系。

3. 加强标准宣贯实施

开展冷链标准化专项培训,组织开展冷链物流标准的宣贯活动和"达标对标"活动,形成标准统一、相互配套的冷链物流标准化模式。

第3章 湖北省冷链物流教育科研单位介绍

3.1 2020年湖北省冷链物流教育科研发展情况分析

湖北省是教育大省,省内有31所本科院校、40所专科院校开设有物流管理专业,6所本科院校开设有物流工程专业,另外,省内有中南建筑设计院股份有限公司(CSADI)、中铁第四勘察设计院集团有限公司(铁四院)、武汉现代物流研究院有限公司、湖北省现代物流发展促进会、湖北物流发展研究中心、中车长江车辆有限公司冷运装备研究所等多所相关研究机构,为冷链物流的发展提供了有力的技术和人力保障。

湖北省高校物流管理专业人才培养的定位主要在于培养掌握物流专业知识、熟悉物流业务实操、具备物流规划管理的复合型应用人才。我国物流人才教育与培养可以分为几个层次,首先是博士、硕士生的培养,然后是本科生的培养,其次是高职、高专(包括专升本、自考等),最后是各种类型的短期培训。国内高校发展现代物流教育主要分为以下两类:一类是物流管理,侧重于物流运营、物流营销等。另一类是物流工程,侧重于物流或物流某环节的工程技术与设计,主要包含机械工程、设备工程和管理工程等。目前湖北省及全国物流类专业开设情况如表3-1所示。

表3-1 湖北省及全国物流类专业开设情况

区域	专业层次	物流管理专业	物流工程专业
湖北省	本科	31所	6所
	专科	40所	0所

续表

区域	专业层次	物流管理专业	物流工程专业
全国	本科	412 所	108 所
	专科	883 所	10 所

数据来源：教育部《普通高等学校本科专业备案和审批结果》

从 2001 年大连海事大学、武汉理工大学两所高校首次新增物流工程专业至今，全国仅有 108 所高校开设了物流工程本科专业，而湖北省也仅有 6 所高校，这造成了湖北省物流规划、物流系统设计、物流集成优化等物流领域高级应用技术型人才的供给明显不足，物流工程类人才极其缺乏。

在 2013—2020 年普通高等学校新增的本科专业中，全国物流管理专业新增高校数量小幅增长，而湖北省近几年新增物流管理专业的高校数量并没有显著增长，该结果说明湖北省高校物流管理专业建设趋向饱和期。而针对湖北省物流规划、物流系统设计、物流集成优化等物流领域高级应用技术型人才的供给明显不足，物流工程类人才极其缺乏的现状，湖北省高校应充分利用其地理区位、高等教育及物流产业优势来大力发展物流工程专业建设。

湖北省的冷链物流的运行缺乏规范和监督，人才培养的方式和理念有待更新，科学研究发展相比沿海城市较晚。由于冷链物流标准体系尚未构建，其运行机制缺乏相应的行业标准和规范化流程，并且冷链企业呈现出多、散、小的特点，因此物流部门监管起来难度较大。并且，大多数冷链物流运营的管理人员是从普通物流转行而来的，缺少专业的冷链知识与培训，这使得其对冷链物流的特性不熟悉，相关的专业化操作流程不规范，严重影响冷链物流的服务质量，增加了服务成本。湖北虽然是教育大省，但在冷链物流人才的培养方式和理念上缺少实践性和创新性。目前全省开设物流相关专业及有相关科研的高校及职业院校共有 16 所。而专门针对冷链物流培养方向的几乎没有，涉及的相关专业有物流管理专业、物流工程专业等。

2019 年华中科技大学能源与动力工程学院建设的湖北省智慧冷链物流工程技术研究中心是湖北省冷链行业首个工程技术研究中心，致力于冷链行业重点领域关键共性技术的创新突破，推动科技成果的产业转化，提升专业相关学科建设。通过该中心的相关研究，利用大数据和数据挖掘相关技术，可实现对全冷链各环节物品的入库、销售、存储等信息进行综合管理，并实现配送路径动态规划决策及协同配送模式优化，加强企业的整体联动效应，实现低温食品全程冷链的自动化及信息化。

3.2 湖北省冷链物流教育科研单位概况

3.2.1 高等学校

（一）华中科技大学

华中科技大学是教育部直属重点综合性大学,是国家"985 工程"和"211 工程"重点建设高校之一,是首批"双一流"建设高校,开设的冷链物流相关专业有制冷与低温工程、物流管理等。

制冷与低温工程专业是能源与动力工程学院二级学科,1960 年升格为本科专业,1981 年获硕士学位授予权,1990 年获博士学位授予权。该专业开设的本科生专业课程有制冷原理与装置自动化、低温技术原理与装置、现代制冷压缩机技术、空气调节、制冷与低温应用技术、制冷、低温试验；开设的研究生主要课程有矩阵论、高等工程热力学、气液两相流动与传热、制冷技术与节能、低温工程学、现代制冷空调技术。在冷链物流方面,2019 年由华中科技大学能源与动力工程制冷与低温系陈焕新教授牵头申报的"湖北省智慧冷链物流工程技术研究中心"被省科技厅认定为湖北省工程技术研究中心。该研究中心致力于聚集和培养科技创新人才,加快冷链物流信息获取、服务和应用技术创新,促进业内技术交流与合作,带动整个产业的发展。通过该中心的相关研究,利用大数据和数据挖掘相关技术,依托平台可实现对全冷链各环节物品的入库、销售、存储等信息进行综合管理,并实现配送路径动态规划决策及协同配送模式优化,从而加强企业的整体联动效应,最终促进城市经济社会发展智慧化,建设管理智慧化,实现低温食品全程冷链的自动化及信息化,驱动冷链行业快速升级,提升人民的生活品质。

华中科技大学是国内最早从事物流教学与研究的 5 所高校之一,1980 年即设立了物资管理与工程(类物流管理)本科专业,1998 年因国家本科专业目录调整而停办,2004 年恢复设置物流管理本科专业,2009 年获评省级品牌专业和国家特色专业,获批 2020 年度国家级一流本科专业建设点。依托华中科技大学管理科学与工程国家重点(培育)学科优势和实力雄厚的理工科背景、物流与供应链管理领域教学和科研的国内领先地位,坚持"育人为本、全面发展"办学理念,以人才培养质量为根本,以教学改革为动力,以教学团队建设为核心,以教学方式方法改革为支撑,强化实践教学环节,与国际一流高校接轨,致力于打造国际知名、国内领先的标杆物流管理专业,充分落实"以学生为中心"的教学培养模式,培养树立社会主义核心价值观、满足国家战略需求与经济社会发展需要的具有创新、创业特质的复合型物流管理专门人才。主要课程包括运筹学、运营管理、供应链管理、系统工程导论、物流系统建模与仿真、项目管理、采购与供应管理、物流信息技术及应用、物流配送中心规划、智能运输与调度优化、数智化仓储管理、国际物流学、管理学、组织行为学、计算机网络、机器学习与数据挖掘、管理信息系统、会计学原理、财务管理、供应链金融等。实践性环节包括工程训练、专业实验、生产运作管理综合实验、物流管理综合实验、物流系统仿真实验、管理类综合实验(ERP)、创新项目实践等课程,以及生产实习、毕业设计(论文)等。近5年,物流管理专业本科毕业学生220多名。物流管理专业毕业生就业率、境内外升学率高,毕业生的行业认可度高、社会整体评价很好。2018—2020年物流管理专业的131位毕业生中,48.9%的毕业生选择进一步深造,其中国内一流大学32.1%,境外知名大学16.8%。主要就业领域在各大物流企业。

(二)武汉大学

武汉大学是教育部直属重点综合性大学,是国家"985工程"和"211工程"重点建设高校,是首批"双一流"建设高校。

武汉大学没有专门设置冷链物流本科或研究生培养专业,但在武汉大学经济与管理学院、动力与机械学院活跃着一批教师,他们从事着相关科研与教学活动。2015年9月,武汉市以武汉大学经济与管理学院的优势资源为依托,挂牌成立武汉市"两岸冷链物流产学研合作交流基地"。该平台旨在提高冷链物流高端人才的培养质量,加强冷链物流科学研究,促进两岸冷链物流产业的合作和发展。随着冷链物流的不断发展,为推动海峡两岸经贸往来,商务部、国台办等部门启动了冷链物流产业合作项目,成立了由中国物流与采购联合会、台湾工研院、国内有关专家参加的两岸冷链物流合作工作组,武汉市被列为全国第二批两岸冷链物流产业合作试点城市,签订了合作协议,制定了试点工作方案。

武汉大学动力与机械学院是我国能源动力、机械工业等领域重要的人才培养与科学研究基地,是国家"双一流"建设单位。赵福云教授科研团队近年来积极探讨制冷与冷链相关的基础应用研究,申请获批武汉市基础研究计划、武汉大学国防预研重点课题、北京卫星所重点课题等多项课题,该方向累计经费超过200万元;发表制冷或冷链相关的国际期刊论文20余篇,获批国家发明专利4项,软件著作权2项,培养相关研究方向硕士研究生5人,博士研究生2人。

(三)武汉理工大学

武汉理工大学是首批列入国家"211工程"和"双一流"建设的教育部直属重点大学,是教育部和交通运输部等部委共建高校。与冷链相关的专业有物流工程、建筑环境与能源应用工程等。

武汉理工大学物流工程专业为国家特色专业、教育部首批"卓越工程师"培养试点专业,2019年获批国家一流本科专业建设资格;物流管理专业在《中国大学及学科专业评价报告2018—2019》中排名居全国第5位。物流工程学院现有教职工128人,其中正高职称23人、副高职称54人;现有本科生1616人、研究生(硕士生和博士生)487人。该学院依托港口行业基础和物流专业办学优势,积极开展教学、科研与社会服务。近5年来,承担了国家级科研项目20项、省部级科研项目29项,获得省部级科技奖励一等奖8项、二等奖10项;获得国家教学成果二等奖1项、湖北省教学成果一等奖2项。主要课程有:现代物流学、管理学、商品学、市场营销学、电子商务、应用统计学、经济法、采购与库存控制、物流分析与设施规划、现代物流技术与装备、仓储学、宏观/微观经济学、物流系统设计与仿真、运输与配送管理、运筹学、物流成本管理、供应链管理等。

武汉理工大学建筑环境与能源应用工程专业成立于2010年7月,是土木工程与建筑领域为适应二十一世纪国家战略性新兴产业发展、契合当前国际"建筑、能源、环境"和谐发展主题而设立的新专业。2010年12月,该专业被列入湖北省普通高等学校战略性新兴(支柱)产业人才培养计划;2011年1月,被批准为教育部第7批高等学校特色专业;2012年9月,教育部颁布《普通高等学校本科专业目录(2012年)》,该专业被合并为"建筑环境与能源应用工程"专业;2015年12月,被批准为湖北省"专业综合改革试点"专业。该专业现有专任教师11人,其中教授4人、副教授4人、讲师2人、高级实验师1人。现有本科生115人,博士/硕士研究生61人。近5年来,主持国家重点研发计划、海外优秀青年基金项目、"十三五"科技支撑规划项目子课题、国家自然科学基金项目、省部级科研项目15项;作为主要完成人获得2020年国家自然科学奖二等奖、2019年湖北省自然科学奖一等奖、2020年中国产学研合作创新奖等。目前有1人担任多个国际SCI期刊相关领域的主编、编委,1人入选能源领域全球2%顶尖科学家榜单。近5年在国际SCI期刊发表学术论文100余篇,其中含在国际顶尖期刊 Progress in Energy and Combustion Science(影响因子29.3)上发表学术论文。主要课程有:工程热力学、流体力学、传热学、建筑环境学、热质交换原理与设备、流体输配管网、通风工程、空调工程、供热工程、制冷原理、热泵技术、新能源技术、建筑能耗模拟、低能耗建筑技术等。

(四)湖北工业大学

湖北工业大学是湖北省重点建设高校,1984年由原湖北轻工业学院和原湖北农业机械专科学校合并组建成湖北工学院,2004年更名为湖北工业大学,是湖北省国内一流学科建设高校。与冷链物流相关的专业为管理工程,其中物流管理方向现有教授1名,副教授2名,讲师3名。

在学生培养方面,管理工程专业培养具有良好综合素质,德、智、体全面发展,具备较高思想道德修养和职业核心能力,掌握扎实的物流管理理论与物流操作技能,有效融合管理学、经济学、计算机科学等专业知识,具有从事采购管理、仓储管理、配送管理、运输调度、运费核算、信息处理、快递管理等岗位所需的专业知识和技能,具有创新精神和发展潜力、服务于地方经济发展和物流行业发展需要的高素质多样化应用型人才。主要课程有：管理学原理、会计学原理、运营管理、市场营销学、运筹学、西方经济学、国际贸易理论与实务、物流学概论、供应链管理、物流信息技术、物流设施与设备、仓储与配送管理、现代物流运输管理、采购与库存管理、物流中心设计与运作、物流成本管理、物流管理信息系统、职业核心能力系列课程等。

本专业注重理论教学、实践教学和校企合作相结合，培养学生系统掌握物流与供应链管理理论知识以及物流信息技术及其相关应用，熟悉物流行业特征与物流企业运作流程；注重物流系统整体规划、分析、设计与项目实施能力训练，使学生具备市场开拓能力和创新意识，能独立完成采购与库存、运输、仓储与配送等各项物流作业。

湖北工业大学在种业研发、种植收割机械化、冷链物流技术等领域开展与企业深度合作，通过工业化、智能化思维以及科技创新手段发展现代农业产业，共同为湖北省"建成支点、走在前列、谱写新篇"贡献力量。湖北省积极支持湖北工业大学等高校在已有的交通运输工程一级学科博士点、硕士点和交通运输硕士专业学位授权点中增设冷链物流方向，或在已有的相关一级学科博士、硕士学位授权点自主设立冷链物流二级学科点。

（五）武汉工程大学

武汉工程大学创建于1972年6月，原名湖北化工石油学院，隶属湖北省。1980年3月，经教育部批准，学校更名为武汉化工学院，改由原化工部主管。1998年7月，学校划转到湖北省管理，实行中央与地方共建，以湖北省管理为主。2006年2月，更名为武汉工程大学，成为一所以工为主，包括理、管、经、文、法、艺、医等的综合性教学研究型大学，是湖北省重点建设高校。

武汉工程大学学科设置中，与冷链物流相关的专业为能源与动力工程专业，该专业是以培养热能、动力、空调、制冷方向人才为特色的学科，在省内、中南及华南地区具有重要影响。学科自创办以来，在培养制冷与低温技术人才，促进制冷与低温工程学科和工业发展方面，起到了积极作用，在国内外有较高声誉。该专业培养富有社会责任感，具有良好心理素质，德、智、体全面发展，在能源与动力工程领域具有扎实的基础理论知识和专业知识，并具有较好的外语水平以及信息获取能力和创新能力，可从事制冷与低温工程、暖通空调工程、建筑节能技术等行业对口部门或领域研发、设计、制造、运行、管理等工作的高素质工程技术人才及国际化人才。招生规模每年120人，分制冷和建筑节能两个方向。

（六）武汉科技大学

武汉科技大学位于湖北省武汉市，是省部共建地方高水平大学，是国家"中西部高校基础能力建设工程"入选高校，是湖北省"双一流"建设重点大学。该校主要设置有两个与冷链物流相关的专业，分别是城市建设学院的建筑环境与能源应用工程专业和汽车与交通工程学院的物流工程专业。

武汉科技大学建筑环境与能源应用工程专业为湖北省级品牌专业,源于武汉冶金建筑高等专科学校1985年设置的供热通风与空调工程三年制专科专业。1997年开始招收供热空调与燃气工程专业本科学生,1998年专业更名为"建筑环境与设备工程",2001年招收供热、供燃气、通风及空调工程专业的硕士研究生,2013年专业更名为"建筑环境与能源应用工程"。2016年本专业首次通过住房和城乡建设部全国高等学校建筑环境与能源应用工程专业本科教育专业评估(认证),2019年入选"双万计划"省级一流本科专业建设点。本专业拥有土木工程一级学科硕士学位授予权和建筑与土木工程领域工程硕士学位授予权,设有供热、供燃气、通风及空调工程"楚天学者计划"2个岗位,1个暖通空调与新能源研究所,1个省级重点实验教学示范中心,4个"产学研"基地和14个实习基地,是湖北省土木建筑学会暖通空调专业委员会主持单位。本专业培养德、智、体、美、劳全面发展,具有较好的自然科学与人文社会科学基础,具有计算机和外语应用能力,掌握建筑环境与能源应用相关基本知识和基本技能,获得工程师基本训练,并具有一定创新能力和国际化视野,能在供暖、通风、空调、净化、冷热源、燃气等领域从事规划设计、研发制造、施工安装、运行管理及系统保障等技术或管理方面工作的高素质应用型人才。主要课程有:流体力学、工程热力学、传热学、建筑环境学、流体输配管网、建筑环境测量、热质交换原理与设备、建筑设备自动化、空调工程、制冷与热泵技术、通风工程、供热工程、锅炉与锅炉房设计、施工技术及组织等。截至2021年12月31日,本专业有在校本科生(2018—2021级)282人,硕士研究生(2019—2021级)69人。建筑环境与能源应用工程专业近三年来本科毕业生就业人数300余人,研究生毕业就业人数近50人。

武汉科技大学物流工程专业源于1965年开设的汽车运用专业,2002年在交通运输专业中开设物流工程专业方向,2011年由教育部批准设立物流工程专业,2013年正式开始物流工程专业招生;2013年自主设置"物流技术与装备"二级硕士点,2016年获批"交通运输"专业硕士点,2019年获批"交通运输工程"一级硕士点;2018年开展"物流工程+国际经济与贸易"双学位下"新工科"建设,2020年获批省级一流专业。该专业已建立物流系统仿真实验室、物流与供应链实验室、物流仓储与配送实验室、智慧物流实验室和物流装备实验室等5个教学科研实验室。与中诺思物流科技有限公司、浪潮集团有限公司等深入开展了教育部校企协同育人合作项目。该专业培养能适应社会经济发展需要,德智体美劳全面发展、基础理论厚实、知识结构合理、适应能力强,具备数学、外语、计算机相关基础知识及机械与电子、物流工程等方面的专门知识,富有创新创业精神和实践能力,满足智慧物流发展人才需求,能在物流装备生产企业、物流企业、高新技术企业、工商企业及相关事业单位从事物流系统规划、智能化物流装备开发与应用、物流方案设计与资源配置、企业管理等工作的高素质应用型人才。专业主要课程有:高等数学、机械制图、工程力学、电工技术、电子技术、机械设计基础、液压及气压传动、单片机原理、系统工程、起重机械、物流运输机械、物流信息技术、物流系统规划与设计、物流自动化系统设计与应用、物流系统建模与仿真、生产运作管理、供应链管理等。本专业设置双学位培养计划。在专业范围内择优选拔学生参与"物流工程＋国际贸易"双学位班,培养在全球经济贸易中能够从事物流工程与管理并具有国际视野的高素质应用型人才。

物流工程专业2018、2019、2020届毕业生就业率分别为92.06％、95.00％、93.33％,升学(含出国)率分别为31.74％、31.67％、35.00％,名列全校各专业前茅。毕业生广泛就业于武钢物流有限公司、马钢物流公司、宝武集团鄂钢物流公司、莱阳钢铁物流发展公司、安阳钢铁物流公司、邯钢汇达物流公司、新余钢铁物流中心、东风汽车集团、上海汽车集团、美的、格力等制造业企业,为制造业物流发展做出了重要贡献。该专业充分发挥学校"钢铁"优势,以钢铁物流为特色,面向钢铁行业的"工程、技术、经济"三方位需求,聚焦智能化、国际化发展方向,逐步实现物流业与制造业的深度融合,形成以智慧技术为支撑,以多学科交叉融合为理念,以产学研深度协同育人为抓手,以学生创新创业竞赛为推力的四大综合优势。近20年,该专业为宝武集团、马鞍山钢铁等国家特大型钢铁骨干企业培养了大批优秀物流人才,形成了专业与企业间的双向支撑,在钢铁物流领域及地方享有较高的声誉和影响力。

(七)武汉轻工大学

武汉轻工大学源于1951年创办的武汉市会计中等技术学校,2013年更名为武汉轻工大学。武汉轻工大学是全国最早培养粮食行业专门人才的学校,是国家粮食和物资储备局与湖北省人民政府共建高校、湖北省"国内一流学科建设高校",入选第一批卓越农林人才教育培养计划。与冷链研究相关的学院是化学与环境工程学院。在食品物流方面,学院坚持以区域经济发展和社会需求为导向,依托学校在食品科学和农产品深加工领域的传统优势和特色,结合学院的专业和学科特点,利用现代化学、化工、环境和材料科学的技术手段,围绕农副资源开展全产业链的全质化、高值化利用和新产品开发,形成了农副资源化学、化工与利用方向的基础研究、应用基础和应用开发等较为完整的科学研究与成果转化体系,取得了显著的社会和经济效益。近年来,全院先后承担国家自然科学基金项目、国家星火计划项目等国家级科研项目12项,省部级科研项目32项,企业委托开发研究项目70余项,科研经费累计达1500多万元。学院先后获得湖北省科技进步奖一等奖2项、二等奖3项,湖北省自然科学奖三等奖1项,武汉市科技进步奖二等奖2项,获授权国家发明专利50余项,公开发表研究论文300余篇,其中SCI、EI检索收录近140篇。

(八)湖北大学

湖北大学是湖北省人民政府与教育部共建的省属重点综合性大学、湖北省"国内一流大学建设高校"、国家"中西部高校基础能力建设工程"高校。

湖北大学与冷链物流研究相关的学院为商学院。湖北大学商学院于2001年3月由原经济学院、旅游学院合并组建而成。学院依托湖北省现代物流发展促进会监事长单位，在冷链物流规划、运营管理、冷链大数据、冷链供应链、绿色冷链和跨境电商领域具有较大的影响力和学术成就。

（九）华中农业大学

华中农业大学是教育部直属、国家"211工程"建设重点大学。

华中农业大学涉及冷链物流相关的专业包括园艺、食品科学与工程、能源与动力工程等三个专业。

园艺专业隶属于园艺与林学学院。园艺专业学生主要学习园艺作物育种、栽培、生物技术、设施园艺和园艺产品采后商品化处理、贮藏运销、园艺作物病虫害防治等方面的基本理论知识，参加园艺作物繁殖、生产管理、新品种选育、康养园艺产品开发等方面的基本技能训练，掌握园艺作物新品种选育、栽培管理、采后商品化处理、种子生产和工厂化育苗、设施园艺、康养园艺及园艺相关产业发展规划、项目设计、产品营销等方面的专业实践能力。设置的核心课程为园艺植物育种学、园艺植物栽培学、园艺产品贮藏运销学、园艺植物生物技术、园艺学实验等，主要实践教学有园艺植物栽培学实验、园艺植物育种学实验、园艺产品贮藏运销学实验、园艺学实验（总论）、教学实习（1）、教学实习（2）、毕业实习、社会实践、创新创业实践等。

食品科学技术学院是一所在华中地区乃至全国具有重要影响力并享有广泛美誉的研究型学院。现设食品科学与工程系、食品营养与健康系、食品质量与安全系等三个系。学院现有本科生984人，研究生（硕士、博士、留学生）745人。学院建有食科楼、综合楼、柑橘楼、食品工程训练中心等教学、科研用房4栋，总建筑面积10375平方米。学院本科教学实验中心为省级示范实验教学中心，下属食品工程训练中心占地近3500平方米，能够满足食品工程、食品工艺、食品发酵等相关食品专业人才培养各类实验和实践教学的活动需要。学院中心实验室建有理化分析、食品微生物、基础化学等实验平台，拥有总价值超过2500万元的大型仪器设备。学院现有环境食品学教育部重点实验室、果蔬加工与品质调控湖北省重点实验室、蛋品加工技术国家地方联合工程研究中心（国家发改委）、国家农产品加工技术研究中心蛋品专业分中心、国家大宗淡水鱼加工技术研发分中心（武汉）、湖北省大宗农产品加工产业技术创新基地、湖北省中小企业共性技术食品加工及安全检测研发推广中心、湖北省柑橘加工工程技术研究中心、湖北省功能食品工程技术研究中心、湖北省水生蔬菜保鲜加工工程技术研究中心等国家级和省部级科研平台32个。专业核心课程主要有食品工程原理、食品工艺学、食品化学、食品分析、食品微生物学、食品营养学、食品安全与卫生、食品机械与设备、食品工厂设计等。实践教学有分散式实践（实验、上机、实践）：食品工程原理实验、食品化学与分析实验、食品微生物学实验、食品工艺学实验、工程训练、食品工程原理课程设计、食品工厂设计课程设计、食品工艺综合实习、生产实习、毕业实习、毕业论文（设计）等。

能源与动力工程专业隶属于工学院。拥有农业农村部长江中下游农业装备重点实验室、农业农村部油菜全程机械化科研基地、农业农村部柑橘全程机械化科研基地、优势农作物机械化生产技术与装备湖北省工程实验室、湖北省现代农业装备工程技术研究中心等省部级研究平台，设有工学类实验教学中心和机电工程训练中心，设有农业机械化工程与装备、农业生物环境与能源工程、农产品加工技术与装备、农业装备测试与自动化、机械设计及理论等5个研究室；同时，还设有农业农村部华中地区农村能源技术培训中心、人力资源和社会保障部特有工种职业技能鉴定站、中国饲料工业协会华中农业大学培训中心等特色工作机构。能源与动力工程专业培养道德修养良好、心理素质健康，具有坚实的自然科学、人文社会科学和工程技术基础；受到较强工程实践和研究能力的训练，具备机械、控制、能源与动力工程方面宽厚理论基础，掌握清洁与可再生能源利用装备设计和开发知识，具有能源与动力行业技术经济分析与生产组织管理的基本能力；能在常规能源与可再生能源利用、企业节能等领域从事相关技术研究，装备设计研发、制造、工艺优化和运行管理，教学科研等方面工作；能够追踪本领域新理论新技术，具备创新意识、实践能力、团队合作精神和国际化视野的复合型高级工程技术人才。主要课程有农业工程、动力工程及工程热物理、机械工程、计算机科学与技术、自动化技术、动力机械与装备、节能原理、燃烧学、生物质能转换原理与技术、能源装备综合试验等。

（十）湖北汽车工业学院

湖北汽车工业学院是全国唯一一所以汽车命名、最具汽车特色的公办普通高等院校，创建于1972年。湖北汽车工业学院于2002年开设工商管理专业（物流方向），是全国开设物流管理专业（方向）最早的院校之一，2009年7月，工商管理专业（物流方向）被湖北省教育厅批准为物流管理专业。本专业目前是湖北省一流专业、教育部物流教指委新文科建设试点专业、湖北省普通高等学校战略性新兴（支柱）产业人才培养计划支持立项建设专业，专业团队获评湖北省优秀基层教学组织。物流管理专业拥有耗资100多万元建立的物流工程实验室，该实验室是国家级汽车产业实验实训中心的一部分。近年来，本专业与省市相关政府部门、东风汽车公司等20多家企业签订了产学研合作协议，充分利用背靠东风汽车公司的优势，深化产教融合办学，与企业联合制定人才培养方案、联合开发课程、联合建设实习实训基地、共同培养与共享双师型师资，为教师科研和学生实习提供了良好的环境和条件。

在学生培养方面，本专业致力于将本科毕业生培养为树立社会主义核心价值观、具有高度的社会责任感和使命感、良好的科学文化素养和国际视野，较系统地掌握物流学科相关专业理论与方法,具有较强的创新精神、创业意识和一定的创新创业能力,能够在政府、企业和物流行业从事供应链管理、物流系统优化、物流业务运营管理等工作的高级应用型人才。物流管理专业开设的本科生课程有:管理学概论、西方经济学、管理运筹学、应用统计学、生产与运作管理、汽车营销学、财务管理、物流管理概论、供应链管理理论与实务、物流系统建模与仿真、物流信息管理、仓储运输管理、物流经济学、采购管理、现代物流技术、汽车企业物流管理、物流仿真软件实训与应用、汽车物流与供应链一体化综合实训等。

(十一)武汉纺织大学

武汉纺织大学是国家首批"中西部高校基础能力建设工程"高校、教育部"卓越工程师教育培养计划"实施高校、湖北省"国内一流学科建设高校"、全国十大时装名校。

物流管理专业目前在岗教师 14 人,其中教授和副教授 7 人,硕士生导师 10 人,博士比例达到 90%,多名教师具有美国、加拿大和新加坡等国外留学和访学经历。近年来,物流管理专业教师主持国家社会科学基金和国家自然科学基金项目 8 项,教育部人文社科基金项目 2 项,教育部产学协同育人项目 1 项,中国博士后科学基金项目 3 项,湖北省社科基金项目 2 项,武汉市社科基金项目 1 项,湖北省科技厅和教育厅项目多项,在国内外权威期刊发表高水平学术论文 100 余篇,出版专著和教材 10 余部。专业设有物流工程与管理专业硕士点,每年也有很多本科毕业生考取武汉大学、华中科技大学、南京大学、浙江大学、西安交通大学、中南财经政法大学、暨南大学等知名高校研究生,或申请到加拿大、英国、日本等国家继续深造。

在学生培养方面,武汉纺织大学物流管理专业旨在培养适应现代物流服务业的发展需求,掌握现代物流和供应链以及管理、经济、法律等方面的知识和技能,具备较强的物流系统管理与运作能力、物流系统工程技术和方法的综合应用能力,以及供应链系统分析、设计与运作管理能力,能在企业、科研院所及政府部门从事物流系统优化及运营管理、供应链设计与优化等方面工作的复合型专业人才。2008 年,物流管理与信息系统教学团队被评为"湖北省高等学校优秀教学团队";2013 年,"物流管理信息系统"课程成功获得第三批国家级精品资源共享课立项;2014 年,本专业教师主编的教材《现代仓储管理与实务》入选国家级"十二五"规划教材;2016 年,本专业入选湖北省普通高等学校战略性新兴(支柱)产业人才培养计划;2019 年,本专业所在的物流管理与工程系被评为湖北省本科高校优秀基层教学组织;2020 年,本专业入选湖北省一流本科专业建设点。

物流管理专业的特色是紧扣物联网、大数据、人工智能等信息技术和现代物流与电子商务的发展要求,强化物流管理在现代供应链中的创新与应用,通过高效的物流活动将供应链与互联网、物联网深度融合,整合各类资源和要素,提高供应链管理和智能物流决策协同优化水平。

(十二)武汉商学院

武汉商学院源于1963年创办的武汉市服务学校。2013年,经教育部批准,在武汉商业服务学院(原名武汉市服务学校)基础上建立本科层次的武汉商学院,由湖北省人民政府主管,武汉市人民政府主办,教育教学业务归口湖北省教育厅管理。该校设置的与冷链物流相关的专业是物流管理专业和建筑环境与能源应用工程专业。目前,正在筹备冷链物流技术与管理本科专业,牵头组建基于政行企校合作的"冷链物流产业学院"。

物流管理专业设置在武汉商学院工商管理学院,2013年开始招收第一届本科生。该专业为湖北省一流专业建设点,拥有省级教学团队,是武汉市重点学科,湖北省高等学校战略性新兴(支柱)产业人才培养计划项目建设专业。遵循"面向市场、服务行业、学用结合"的原则,满足武汉地区经济社会发展和建设国家商贸物流中心的人才需要,培养德、智、体、美、劳全面发展,具备深厚的理论基础,洞悉物流产业发展规律,实践能力强,业务素质高,富有时代特征和创新精神,能胜任各类企业物流规划、物流系统设计及物流流程管理等工作的应用型高级专门人才。主要核心课程包括现代物流学、采购管理、运输管理、仓储管理、物流成本管理、物流信息管理、物流规划与设计、物流系统分析等。就业方向主要是政府物流规划部门、国有企事业单位、大型商超、第三方物流、国际货运代理机构及商品流通相关行业。目前培养学生人数已经达到1500人左右。

建筑环境与能源应用工程专业设置在机电工程学院,该专业立足武汉、面向湖北、辐射全国,培养德、智、体、美、劳全面发展,实践能力强,业务素质高,具有创新意识、创业精神和社会责任感,能在设计研究院、工程建设公司、设备制造企业、能源管理公司等单位,从事供暖、通风、空调、净化、冷热源、燃气、冷链物流等专业领域的规划设计、施工安装、研发制造及能源系统保障等技术或管理岗位工作的高素质应用型人才。该专业是在原武汉商业服务学院制冷与空调技术专业的基础上发展起来的。2014年整合原有优质资源,以湖北省重点专业"制冷与空调技术专业"为平台,以湖北省"制冷与空调实训教学基地建设"项目为基础,以省级优秀教学团队"制冷与空调技术教学团队"为支撑,致力于为行业企业培养"能设计、会施工、懂管理"的应用型专门人才。该专业2020年获批为湖北省一流专业,同年教学团队被评为省级优秀教学团队。主要核心课程包括:工程热力学、传热学、流体力学、建筑环境学、流体输配管网、热质交换原理与设备、制冷技术、通风与空调工程、建筑设备系统自动化。目前培养学生人数已经达到700人左右。

(十三)湖北经济学院

湖北经济学院是湖北省的一所全日制普通本科院校,是国务院学位委员会批准的硕士学位授予单位,国家"十四五"时期教育强国推进工程支持高校。湖北经济学院物流管理专业从2005年开始招收本科生,近年来发展迅猛,2011年物流管理专业(冷链方向)入选湖北省普通高等学校战略性新兴(支柱)产业人才培养计划,2015年起进入湖北省本科一本线招生,2020年获批国家级一流本科专业建设点及湖北省一流本科专业建设点,同年获批开设供应链管理专业,为全省唯一获批单位。

物流管理专业拥有湖北省人文社科重点研究基地——湖北物流发展研究中心,依托该中心,该专业团队为国家发改委、湖北省商务厅、湖北省发改委等多部门在物流领域提供人才及智力支持,负责多个省级重点项目的申报、调研、评审及验收工作。相关成果被省委、省政府领导签批采用10项,服务省委、省政府相关部门成果28项,2020年物流管理系获评省级优秀基层教学组织。此外,该专业开展"产学研训"人才培养模式,特色显著。围绕教育部产学研项目、世界技能大赛货运代理项目、教育部"1+X"物流管理职业技能等级证书试点及中百集团国家级实训基地等平台,坚持以"产学研训"为特色的人才培养模式,在应用型人才培养方面持续开拓新渠道。2018年以来,该专业已获批5项湖北省教学改革项目,3项课题获批教育部产学研项目,"供应链智慧融通虚拟仿真实验"获批省级一流课程,此外还拥有1门校级精品资源共享课程和2门国际化课程,开设双语课程2门,建设自编教材5部。学生获各类学术奖励达30人次,指导学生在全国大学生物流设计大赛、全国供应链仿真模拟大赛等国家级、省级创新创业大赛项目获奖20余项,指导学生公开发表论文20余篇。近4年以来共有305名毕业生,总体就业率(含升学)为90%,其中2018年就业率超过95%,显著高于学校平均就业水平。升学方向主要为国内"985"和"211"院校,就业主要集中在湖北省内企业,服务地方经济趋势明显。

3.2.2 职业学院

(一)武汉商贸职业学院

武汉商贸职业学院冷链物流技术与管理专业是湖北省首个冷链物流专业,已连续招生4年,主要培养思想政治坚定、德技并修、全面发展,适应我国经济发展规律,掌握冷链物流专业必备的基础理论知识和专业技能,面向食品、医药等综合冷链物流业、食品加工生产业、商贸流通企业领域的高素质劳动者和技术技能人才。本专业与国药控股湖北分公司开展"订单班"人才培养,与苏宁云商、顺丰速运、京东、荣庆物流等多家企业深度合作。

就业方向主要为食品、医药等综合冷链物流业、食品加工生产业、商贸流通企业领域的仓储管理、配送管理、运输调度、物流信息处理、物流营销、物流规划等方面的中基层管理岗位。

(二)武汉交通职业学院

武汉交通职业学院冷链物流技术与管理专业是国家级现代学徒制试点专业、首批国家级职业教育教师教学创新团队建设专业、首批国家"1+X"证书制度试点专业。

本校冷链物流技术与管理专业致力于培养理想信念坚定，德智体美劳全面发展，具有一定的科学文化水平、良好的人文素质、职业道德和创新意识、精益求精的工匠精神、较强的就业能力和可持续发展能力，掌握冷链物流技术与管理、冷链物流工程与设计、食品贮藏与保鲜、物联网技术、管理学、经济学等知识，具备较强的冷链物流业务处理能力、管理能力、创新创业能力，能够胜任冷链物流企业、冷链产品生产制造企业、商贸流通企业物流管理部门岗位工作的高素质技术技能人才。该专业与冷链物流企业深度合作，采用与冷链物流企业高度融合的工学结合人才培养模式，将逐步与顺丰、希杰荣庆、京邦达（京东）、增益冷链、九州通、苏宁、华雪等多个优质冷链物流企业展开订单班合作，培养企业所需的高素质冷链物流人才。设置的主干课程有：食品冷冻冷藏工艺、冷链物流信息技术、冷链仓储与配送、冷链物流运输、冷链食品商品学、冷链物流运营管理、物流会计、冷链物流技术与装备、冷链物流运营管理综合实训、冷链运输业务模拟实训、冷链仓储业务模拟实训。就业方向主要为在供应链管理企业、冷链产品生产企业、第三方冷链物流企业、仓储与配送型物流企业、电商物流企业从事物流业务操作和基层管理相关工作。

（三）黄冈职业技术学院

黄冈职业技术学院设置有冷链物流相关专业3个，分别为制冷与空调技术专业、现代物流管理专业和现代农业技术专业。

制冷与空调技术专业是国家级骨干专业、湖北省高水平专业群核心专业、湖北省职业教育特色专业，入选湖北省普通高等学校战略性新兴（支柱）产业人才培养计划。本专业面向制冷空调企业，培养能从事制冷空调产品辅助设计、生产管理、质量检验、专业销售、售后服务等工作的高素质技术技能型人才；面向制冷空调工程公司，培养能从事中央空调工程、冷库工程及工业制冷工程设计、预算、施工管理、调试等方面工作的高素质技术技能型人才；面向制冷空调应用行业，培养能从事运行管理、维护维修等方面工作的高素质技术技能型人才。连续10余年，毕业生就业率超过98%，第三方就业质量年报表明，2020届毕业生的供需比为1:7.31，是全国同类专业2倍以上；就业现状满意度、专业与职位相关度、母校满意度等都高于同类专业毕业生5%以上；订单培养率达到30%以上，被海尔、TCL、英维克、国祥等企业认定为优秀人才培养基地；服务"一带一路"，毕业生受聘格力空调（越南）责任有限公司等海外企业，从事技术服务岗位。学生"双证书"获取率达到100%；学生参加各类职业技能大赛获奖60余人次，获得全国大学生节能减排社会实践与科技竞赛一等奖、全国机械行指委制冷与空调技术专职委大赛一等奖、"互联网+"大学生创新创业大赛省金奖、世界技能大赛制冷与空调项目湖北省选拔赛一等奖。

现代物流管理专业主要面向第三方物流企业、国际物流企业和生产制造企业，培养能从事物流营销、物资采购、生产计划编制、生产调度、仓储管理、运输调度、货运代理、报关报检等岗位工作的物流服务与管理高素质技术技能型人才。该专业开办于2005年，经过

14年的建设,现为全国物流行业职业教育人才培养基地、国家首批现代学徒制项目试点专业(2018年通过验收),和10多家全国知名物流企业合作培养物流人才,学生就业无忧,专业实力省内领先,国内一流,具有较大影响力。

现代农业技术专业主要面向农业行业,培养适应现代农业发展需要,具有现代农业领域所需的植物生产技术、畜禽养殖技术、农业物联网技术、现代农业经营管理等必备的职业素质、专业知识和综合职业能力的高素质技术技能型人才。就业主要面向现代农业企业、观光农业景区、家庭农场、农业合作组织、农业科技示范园区、农技推广服务与农业科研机构、农村村两委等单位,从事现代农业企业、园区、景区、家庭农场的经营管理、产品销售、农业标准化生产技术指导、农村事务管理等工作。

3.2.3 设计院

(一)中南建筑设计院

中南建筑设计院股份有限公司(CSADI)始建于1952年,是中国最早成立的六大综合性建筑设计院之一,入选国务院国资委国有重点企业管理标杆创建行动"标杆企业",国务院国资委国有企业数字化转型典型案例、国务院国资委"双百企业"典型案例。2020年,荣获"全国抗击新冠肺炎疫情先进集体""全国先进基层党组织"荣誉称号。

公司坚持以建筑及规划设计为核心,着力为客户提供建筑工程项目全过程技术与管理服务,具有城乡规划甲级,工程勘察岩土工程甲级,工程造价咨询企业甲级,建筑工程和市政公用工程资信甲级,房屋建筑工程监理甲级,建筑工程、风景园林、商物粮行业(冷冻冷藏工程)、市政行业(给水工程、排水工程)设计甲级等设计资质,以及建筑工程施工总承包二级和地基基础工程专业承包一级施工资质。

作为高新技术企业和智力密集型企业,公司将人才视为企业发展的核心资源,现有专业技术人员2500余人,其中国家级勘察设计大师3人,享受国务院政府特殊津贴专家、国家级中青年专家、湖北省有突出贡献中青年专家等省部级以上各类专家35人,各类注册人员近600人,打造了一支高素质的专业技术和管理团队。近70年来,公司先后在全国30个省(市、自治区)及全球近40个国家地区完成了19000余项工程设计,其中,有800余项工程获国家、部、省级优秀设计奖和科技进步奖。涉及冷库的主要工程有:

(1)武汉白沙洲冷库三期工程(2012年)。

为武汉白沙洲冷链食品市场三期大型冷库,由4座冻结物冷藏间及辅助用房组成,每座冻结物冷藏间均为5层,属于建筑高度超过24米的高层冷库,设计规模为60000吨,冻结物冷藏间主要冷藏食品为冻肉、禽、副产品等。

(2)石首市江南绿园农副产品批发物流综合大市场冷库工程(2017年)。

为大型冷库,由冷却物冷藏间(一层)、冻结物冷藏间(二、三层)、冻结间(位于二层)及辅助用房组成,建筑高度小于24米,设计规模为16500吨,冷却物冷藏间主要冷藏果蔬等,冻结物冷藏间主要冷藏食品为冻肉、禽、鱼虾、副产品等。

(3)农夫山泉饮料有限公司二期冷库建设项目(2019年,施工中)。

为农夫山泉饮料有限公司冷藏桶装果汁用大型冷库,由4座冻结物冷藏间及辅助用房组成,每座冻结物冷藏间均为2层,建筑高度小于24米,设计规模为67200吨,冻结物冷藏间主要冷藏桶装橙汁。

(4)荆门智慧冷链物流园项目(2021年,设计中)。

物流生产作业区规划总建筑面积73980平方米,其中,综合服务中心9900平方米;冷链物流区55160平方米,分别为多温控冷库25820平方米、农产品交割库11190平方米、常温库18150平方米;食品加工区8640平方米;配套建筑280平方米。冷链物流区含一栋高温库和两栋低温库,设计规模为87000吨,主要冷藏冻肉、禽、鱼虾、副产品、电商冷链等。

(二)铁四院

中铁第四勘察设计院集团有限公司(铁四院)于1953年在湖北省武汉市成立,是世界500强企业——中国铁建的领军企业,现有职工5300余人,是国家认定企业技术中心及国家委托铁路、城市轨道交通专业投资咨询评估单位,综合实力位居全国勘察设计百强前列。近70年发展历程中,铁四院积极投身铁路等交通基础设施建设,是我国铁路勘察设计的领军企业,是国际咨询工程师联合会(FIDIC)团体会员单位,曾荣获"全国先进基层党组织""全国文明单位""全国五一劳动奖状"等荣誉。

2015年受中国国家铁路集团有限公司委托,铁四院承担了铁路冷链物流"十三五"发展规划编制工作,编制成果《铁路冷链物流网络布局"十三五"发展规划》(铁总计统[2016]42号)获得了中物联科技进步奖二等奖,于2016年2月由国铁集团正式颁布,开启了铁路冷链物流发展的序幕。通过开展铁路冷链科研促进项目落地,再以项目实施优化科研成果,建立了完善的铁路冷链物流规划、设计流程,为铁路冷链标准体系建设、物流产品研发及推广奠定了坚实基础,因此铁四院被中物联冷链委评为2017年年度冷链企业。

2018年,铁四院举办了铁路冷链通道建设与合作研讨会(图3-1),邀请了国铁集团发改部、国家农产品现代物流工程技术研究中心、武汉市中车长江车辆有限公司等众多单位参会。

2016—2019年期间,铁四院继续承担了中国国家铁路集团有限公司委托的"铁路冷链通道预可行性研究""铁路冷链通道基地建设规划""广宁哈、乌青沪铁路冷链通道可行性研究"等工作,奠定了全国铁路冷链物流发展的方向及框架。为加快铁路冷链物流发展,2019年6月受中国国家铁路集团有限公司委托,铁四院继续开展"铁路冷链运输试点线路可行性研究工作"。

图 3-1　铁四院承办 2018 年铁路冷链通道建设与合作研讨会

目前,铁四院设计的冷库项目包括长沙北物流基地智能立体冷库(已建成,冷库总库容约 3000 吨)、广州集装箱中心站冷链作业区(在建,冷冻库 12 万吨,恒温库 7 万吨,见图 3-2)、舵落口智能立体冷库等。

图 3-2　广州集装箱中心站冷链作业区

3.2.4　研究所

(一)武汉现代物流研究院

武汉现代物流研究院有限公司是国内领先的专业物流咨询机构,是武汉物流协会秘书长单位、中国物流学会产学研基地、华中(武汉)物流创新中心、武汉市长江中游城市群发展研究会会员单位、武汉物流标准化联盟副秘书长单位,中部地区唯一致力于研究物流、推动物流发展的研究机构。公司建立了符合ISO9001—2015标准的质量管理体系,是全国投资项目在线审批监管平台工程咨询备案单位。

公司为政府、行业、企业提供物流规划研究、物流园区规划设计、行业数据分析、企业战略咨询、供应链管理、冷链物流、物流信息化、专项培训等专业服务,涵盖冷链物流、城乡配送、多式联运、道路货运(含网络货运)、电商快递、物流信息化等领域。已成功合作研究、咨询和设计项目100余项,业务覆盖全国各地和部分海外地区。公司拥有一支专业、高效、严谨的咨询团队,以物流工程、交通规划、供应链管理、信息管理等学科专业人才为主,研究生及以上学历占85%以上,专业技术人员占88%;同时聘请国家发改委综合运输研究所所长汪鸣为特别顾问,与国家发改委综合运输研究所、交通运输部规划研究院等单位建立了长期战略合作关系,与清华大学、武汉大学、华中科技大学、华中师范大学、武汉理工大学、长沙理工大学等签订战略合作协议,具有庞大的咨询专家队伍和配套的研究团队。

公司在冷链物流方面经验丰富,先后承接了武汉山绿国家骨干冷链物流基地申报书、国家粮食现代物流(武汉)项目可行性研究报告、武汉汉欧国际物流园可行性研究报告、咸宁农产品商贸物流园可行性研究报告、豫北多式联运物流港概念性规划、中车长江集团设备服务产业研究等一系列冷链物流项目。公司深耕冷链物流领域,长期研究和跟踪国家、省市冷链物流行业相关政策,及时了解物流园区及行业发展趋势,承接多个冷链物流园区规划设计和企业咨询项目,并为多家物流企业申报冷链物流相关专项资金。

公司将始终秉持博学、自信、创新、发展的理念,为客户提供优质的解决方案,科学引导企业和物流行业创新发展,努力将武汉现代物流研究院有限公司建设成为具有国际竞争力的综合咨询机构。

(二)湖北省现代物流发展促进会

湖北省现代物流发展促进会(HuBei Modern Logistics Development Promotion Association,LDPA)成立于2014年1月2日,是由省民政厅批准成立的全省性、专业性、综合类社团组织,接受业务主管单位省工商联和社团登记管理机关省民政厅的业务指导和监督管理,是省现代物流联席会议成员单位,是全省物流行业最有影响力的社团组织。

湖北省现代物流发展促进会(简称"省物流促进会")是专注于现代物流的综合性、专业性的社团组织,不是纯粹的行业协会(行业协会是由相同行业的企业组成的社团组织,专业性团体是由社会各领域专业人员和专业组织组成的非营利社团组织)。省物流促进会的办会理念是团结联合全省物流业界力量,共同促进全省现代物流发展;服务对象是全省物流市场主体,特别是现代重点物流企业,全省现代物流联席会议(办公室设在省发改委)及成员单位,全省物流教学、研究、咨询等单位;功能作用是促进物流产、学、研融合,加强物流市场资源整合,促成各类物流社会组织联合,配合政府物流相关管理部门促进全省现代物流业健康有序发展;办会宗旨为联合、发展、创新、服务。

省物流促进会的组织架构及班子成员如下:

省物流促进会下设理事会、监事会、秘书处和物流研究院(见图3-3)。

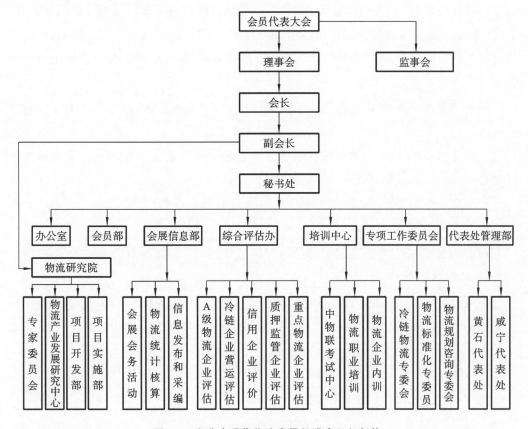

图3-3 湖北省现代物流发展促进会组织架构

会　　长:章学军
副会长:海　峰　武汉大学经济与管理学院教授
　　　　陶君成　湖北物流发展研究中心教授
　　　　张青松　九州通医药集团物流有限公司总经理
　　　　汪智玉　襄阳风神物流有限公司总经理
　　　　蔡　敏　葛洲坝集团物流有限公司董事长
　　　　张国良　湖北天海航运物流有限公司总经理
　　　　孙先军　大冶有色物流有限公司总经理
　　　　陈　兵　宜昌三峡物流园有限公司副总经理

监事长:张予川　湖北大学商学院教授

秘书长:刘　晶

省物流促进会的业务主要有:

(1)贯彻党和国家有关现代物流发展方面的方针、政策和法规,研究贯彻中出现的问题,向政府有关部门反映会员的正当愿望和合理要求,维护会员的合法权益。

(2)配合统计部门组织和实施专业调查与统计;向政府有关部门提出专业发展规划、产业政策、经济立法等建议,并参与有关活动。

(3)开展市场调查,分析市场形势,建立信息网络,为会员和政府部门提供信息咨询服务。

(4)组织现代物流、供应链管理及相关的理论与实务研究,举办各种类型的学术讨论会、报告会。

(5)接受相关部门委托,参与现代物流与供应链管理方面国家标准和行业标准的制订、修订。

(6)采取多种形式为会员培训各种物流专业人员,提高业内人才队伍的专业水平和整体素养。

(7)协助政府加强物流专业法制建设,促进公开、公平、公正的市场秩序的建立,为会员提供法律咨询服务。

(8)组织会员进行考察、人才培训等,促进会员的对外交流与合作。

(9)开展宣传推广工作,经政府相关部门的批准编辑出版发行会刊、年鉴、资料和出版物。

(10)业务主管单位及其他政府部门委托的业务活动。

(三)湖北物流发展研究中心

湖北物流发展研究中心是2009年12月湖北省教育厅鄂教科〔2009〕8号文件批准设立的湖北省高校人文社科重点研究基地,依托湖北经济学院开放式运作。中心设有学术委员会、智慧建造物流研究所、商贸物流研究所、农村物流研究所、制造业物流研究所、自贸区物流研究所、供应链管理研究所、物流职业教育研究所。现有高级研究人员48人,多数研究人员在各类学会兼职。近年来,中心成果被省委、省政府领导签批采用10项,服务省委、省政府部门成果28项。截至2018年年底,中心承担湖北农产品冷链物流发展"十二五"规划,湖北省冷链物流"十三五"规划、"十四五"规划,湖北供应链创新与应用编制方案等横向课题30余项。同时中心还承担国家自然科学基金项目2项、国家社会科学基金项目3项、教育部人文社科项目5项、中国博士后科学基金项目3项以及省部级科研课题40多项。在《管理世界》《管理科学学报》和 *European Journal of Operational Research* 等国内外期刊发表论文100余篇,多篇论文被SCI、SSCI、EI、CSSCI收录。

中心集中研究湖北物流发展中的重要问题,为湖北物流产业高质量发展服务。总体目标是建成在全省领先、在全国有影响的物流学术研究中心、产学研培训中心、决策服务与信息咨询中心。

(四)中国舰船研究设计中心

中国舰船研究设计中心是我国唯一承担水面水下战斗舰艇研制任务的总体研究设计单位,被誉为"战舰摇篮"。先后研究设计了多型战斗舰艇,为海洋局、地调局、海事局、海警局等设计了多系列 400 多艘民用船舶。

中国舰船研究设计中心先后荣获国家及省部级科技进步奖 600 余项,连续五届荣获"全国文明单位",先后荣获全国五一劳动奖状、全国先进基层党组织、全国模范职工之家、全国三八红旗集体、全国五四红旗团委等荣誉称号。

中国舰船研究设计中心培养和锻造了一支专业面广、技术水平高、能打硬仗的科研骨干队伍。中心现有各类工作人员 3000 余人,中国工程院院士 3 名,国家百千万人才工程 1 人,全国杰出专业技术人才 1 人,全国优秀科技工作者 3 人,享受国务院政府津贴专家、省部级及以上有突出贡献的中青年专家 50 余名。各级人才队伍梯次均衡发展,硕士及以上学历员工占比 78%,中青年科技人才已经成为主力。中心党委下设 12 个党总支,1 个直属党支部,在职职工党员比例超过 75%。现有博士学位点 1 个,硕士学位点 3 个,博士生导师 12 名,硕士生导师 28 名。

中国舰船研究设计中心拥有强有力的科研设备和技术保障。配备有三维设计、计算机辅助工程和船舶设计等所需的各种理论分析计算软件系统,设有多个计算机局域工作网络,能够开展舰船总体三维设计、虚拟设计,并可利用虚拟现实软件对产品进行优化设计。

中国舰船研究设计中心在船舶冷链物流技术方面处于行业领导地位,现已研究设计了多型水面作战舰船、科考船和公务船的冷藏系统及冷库舾装。其中"高自给力远洋舰船蔬果长效混储保鲜关键技术与装备研发"项目在 2020 年荣获中国航海学会科学技术进步奖二等奖。

(五)湖北省农业科学院农产品加工与核农技术研究所

湖北省农业科学院农产品加工与核农技术研究所是以从事农产品贮藏、物流、加工和核技术农业应用为主的综合型科研机构,拥有农业农村部国家食用菌加工技术研发分中心、农业农村部食用菌产地加工技术集成基地和国家级中小企业公共服务示范平台等 3 个部级平台,湖北省农产品保鲜加工与综合利用工程技术研究中心、湖北省淡水产品高值化利用工程研究中心、湖北省农产品辐照工程技术研究中心等 8 个省级平台,11 个省级企校联合创新中心和 4 个创新示范基地。下设农产品冷链物流、粮食与果蔬加工、畜禽与水产加工、功能食品及核农技术等研究室。

该所现有一支应用基础和技术研发能力强、工程化实践经验丰富的科研团队,其中研究员10人、副研究员20人、博士21人。拥有农业农村部现代农业产业技术体系岗位科学家1人,湖北省突出贡献中青年专家2人,获湖北省政府津贴1人,湖北省青年拔尖人才1人,湘鄂赣农业科研杰出青年3人,外聘专家2名。主要开展农产品冷链物流过程中共性关键技术、新型保鲜技术、保鲜材料设计、冷链节能物流技术的研究及集成示范、信息化工作。先后主持了农业农村部公益性行业专项、国家重点研发计划重大专项子课题、国家自然科学基金项目、国家科技支撑计划子课题、湖北省重大专项等600余项。获湖北省科技进步奖一等奖3项、二等奖5项。该所以服务"三农"为己任,聚焦农业科技创新、突出科技成果转化,在取得丰硕成果的同时,与300多家涉农企业开展科技合作,与15家企业共建联合研发中心和6个省级工程(技术)研究中心;开展农业科技"五个一"行动,累计推广新品种、新技术、新模式100余项。通过成果转让,为农民增收、企业增效做出了巨大贡献,为湖北农业高质量发展提供了强有力的科技支撑。

(六)中车长江车辆有限公司冷运装备研究所

中车长江车辆有限公司冷运装备研究所,是我国唯一的铁路冷链装备研发设计专业研究所,负责我国铁路冷链装备产品设计和关键技术研究,以及发展规划等,建设有国家级企业技术中心。研究所以市场需求为牵引,以技术创新为支撑,先后攻克了高性能隔热保温技术、21 m圆弧车顶和长大底架整体发泡技术、基于智能化控制和信息化的铁路远程监控及运用技术、新能源及电气电控技术等核心关键技术,建立了"车、箱并举"的铁路及其多式联运冷链运输装备技术平台,系统搭建了机械制冷、隔热、蓄能、新能源、铁路移动供电等领域的我国铁路现代冷链装备技术平台,研制了我国铁路系列化主型冷链装备,应用于抗击疫情以及"一带一路"中欧班列、"蒙古羊运输",服务国家消费升级及农产品冷链运输等领域,社会及经济效益显著。

冷运装备研究所近年来主持及参与国家重点研发计划项目1项,国家铁路集团重大项目"铁路冷藏集装箱技术创新及关键技术研究"、重点项目3项(铁路冷藏运输发电装备技术方案研究、铁路隔热保温车关键技术研究及装备研制、新型单节铁路机械冷藏车关键技术研究及装备研制),主持中车重大项目2项、中车重点项目7项,研发产品30余项;主持制定的《铁路保温车》《冷冻液化气体铁路罐车》《铁路锂电池冷藏集装箱检验规范》等行业标准填补了我国冷链运输铁路保温车、深冷清洁能源铁路罐车、锂电池冷藏集装箱等领域的行业空白;先后荣获铁道科学技术奖二等奖1项、三等奖1项,中车科学技术奖一等奖2项、二等奖2项、三等奖3项;申报专利300余项,其中国际PCT专利20项;发表论文40余篇。荣获2021年度广州国际冷链技术装备展览会"冷链运输装备突出贡献奖",新能源锂电池冷藏箱荣获2021年中国国际服务贸易交易会"绿色发展服务示范案例奖"。

研发的系列装备技术取得重大突破,研制了我国铁路现代主型冷链装备:40英尺铁路运输发电箱是中国铁路第一个全信息化货运装备,首创了无人值守、远程监控运用模式,对中国铁路货运装备信息化、智能化具有里程碑式的意义;BH1型铁路隔热保温车填补了空白,车体综合传热系数达到世界领先水平;BH10型单节铁路机械冷藏车载重及容积均增加50%,采用了信息化远程监控;铁路锂电池冷藏集装箱是在国际上创新研制的新产品,改变了国际上长期采用柴油作为铁路冷链装备动力的面貌,具有里程碑式的重大意义,应用于我国铁路上海—成都冷链班列,以及上海抗击疫情等领域。

2021年11月26日,国务院办公厅印发了"十四五"冷链物流发展规划,在国家层面对冷链产业进行了相关规划,中车长江车辆有限公司冷运装备研究所紧跟规划步伐,以信息化、新能源、便捷联通等为发展方向,持续引领我国铁路冷链装备技术发展方向。

2017年以来,中车长江车辆有限公司先后投入3亿余元,建设了具有国际先进水平的铁路冷链装备研发及制造基地,是我国铁路冷链装备的领军企业。

3.3 湖北省冷链物流教育科研发展趋势及政策建议

3.3.1 湖北省冷链物流教育科研发展趋势

伴随湖北省物流产业突飞猛进的发展和长江中游城市群发展战略的实施,市场对物流人才的需求与日俱增,缺口达60余万。2020年湖北省物流业对相关人才的需求缺口达到年均10~15万人,不同性质的物流工作岗位,对物流人才的需求也不尽相同。从湖北省物流人才学历及专业结构看,物流从业人员中大中专及以下学历占到56.32%,本科学历占40.85%,研究生及以上学历占2.83%。由于物流专业是新兴专业,高校物流专业设置及人才培养与企业的需求不匹配,具备高等学历的物流人才在物流企业人员中所占比重很低。值得关注的问题是物流专业毕业生仅占到物流从业人员的10.93%,其中物流工程专业毕业生更是仅占3.13%。由此可见,物流行业为了弥补物流人才供应的不足,大量招聘了其他专业的毕业生。

从湖北省物流人才工作岗位职能结构及专业技能需求结构来看,企业对物流人才综合能力的要求可归纳为:良好的沟通和把握全局的能力、实操技术技能、规划和设计能力。专业知识包括物流系统规划及管理知识、物流操作技术知识及物流信息系统知识等。传统的物流设备和物流流程操作岗位依然保持平稳的态势,如物流公司岗位中的保管员、单证员、采购员、理货员,这类物流人才基本处于饱和状态,该类岗位通常以高职院校毕业的专科学生为主。物流行业对物流功能管理类岗位(如运输管理、仓储管理、采购管理等)人才有少量需求,该类岗位通常以具备丰富实践经验的专科生和有一定实践能力的本科生为主。物流行业对物流系统管理和物流集成优化高层次岗位(如物流规划、物流系统设计、物流方案策划、物流信息系统优化、供应链优化等)人才需求量大,该类岗位要求必须是物流专业本科以上的毕业生。物流系统管理和物流集成优化高层次岗位要求学生具备较强的数据分析、数据挖掘、系统优化、系统仿真等工程类问题解决能力。物流系统分析师、物流方案策划工程师、物流信息工程师、物流规划工程师、物流系统优化师、供应链优化师等高端物流人才极度缺乏。

3.3.2 湖北省冷链物流教育科研发展的政策建议

1. 创新人才建设模式,提升冷链从业人员素养

一是成立冷链培育中心,训练复合型人才。建议充分发挥湖北省教育资源优势,增强冷链物流相关企业与科研高校单位的合作,建立基于冷链企业或政府部门的培训和研究基地,培养能充分实践冷链相关理论知识的专精人才。并结合新型生鲜零售模式与互联网大数据,重点培育有远见、能实干的复合型冷链人才。同时招集各专业领域专家与学者,借由产官学研四方面合作,定期举办冷链物流企业讲堂,从运营实务、服务品质、信息管理与绿色能源等四大实务需求面进行培训,邀请国内各领域优秀从业者进行个案分享,期望由此作为出发点,强化省内冷链企业运营能力,并为企业提供人才再进修、运营再提升的双重功效。二是提高冷链专业人员素质。举办行业内的职业技能大赛,宣传先进典型,增进外界对冷链业的了解和认同,提升专业人员整体素质。三是加强高端冷链人才引进。重点引进冷链管理及其相关专业的专业管理人才。制定常态化的人才引进计划、激励政策,引进优秀专业人才,尤其是物流管理(冷链方向)和物流工程技术方面的复合型人才、熟悉冷链业务运作的高级人才,为冷链物流产业的高质量发展提供智力支撑。四是加快冷链人才培养模式的建设与理念的革新,在已具有较强物流研究基础的高校增设物流专业硕士点(冷链物流方向),聘请企业的高级管理人才担任社会导师,以高校教授担任科研导师,共同培养高水平的管理型冷链人才。

2. 加强构建冷链大数据服务平台

根据《湖北省物流业"十四五"规划》,湖北省将整合交通、民航、铁路、邮政、公安、海关、市场监管、税务等部门的信息资源,开展湖北省物流大数据平台前期研究工作,逐步实现全省物流信息互联互通共享,所以加强构建冷链大数据服务平台势在必行。可以从以下三个方面开展:一是推广应用条形码、全球定位系统、传感器技术、移动物流信息技术、电子标签等技术,建立区域性的冷链物流质量安全全程监控系统,实现全程可追溯的冷链物流监测流程,为冷链资源平台化整合奠定基础。二是鼓励冷链物流企业对业务全流程数据进行标准化的采集、分析、整合,加强市场信息、客户服务、仓储管理、运输管理和交易管理等应用系统软件开发,健全冷链物流作业的信息收集、处理和发布系统,全面提升冷链物流业务管理的信息化水平。三是充分发挥政府的引导作用,运用5G、云计算、人工智能、物联网、区块链等新一代信息技术构建冷链大数据服务平台。

第4章 湖北省食品冷链物流发展

4.1 湖北省食品冷链物流发展概况

4.1.1 湖北食品冷链物流行业环境

湖北省地处我国中部，地理环境优越，冷链物流产业发展迅速。目前，湖北省的农产品冷链物流业已形成以优质、特色产品为基础，以批发市场、区域性冷链集散地为依托，以生产、流通、加工及进出口一体的多类企业为冷链节点的网络格局，呈现出多元化、多样化的发展特点。总体而言，湖北省冷链物流发展的方向基本与国家的总体发展趋势相同，但也表现出自身的特点和形态。

1. 以武汉为中心的城市食品冷链圈

武汉城市圈依托中百、中商、武商等全国知名的大型商贸流通企业，发挥英山等地参加全国农产品现代流通试点的优势，大力发展大型连锁超市主导型的冷链物流模式。该模式强调冷链基础设施设备、质量安全检测以及信息系统建设，强调对生鲜食品和农副产品供应链的全程冷链控制和整合，强调冷链全程的无缝对接。同时依托白沙洲农副产品大市场、汉口北四季美农贸城、孝感市南大市场等大型农产品批发市场吞吐量大、辐射力强的优势，积极促进冷链的质量和服务朝着更高、更快、更好的方向发展。武汉城市食品冷链圈的发展目标是逐步成为湖北省乃至华中地区的区域性生鲜食品和农副产品的冷链枢纽港。

2. 鄂西北生态食品冷链区

依托鄂西北生态区农产品生产基地以及大米、生猪、食用菌、柑橘、茶叶、魔芋、高山菜、野山菜、蜂蜜等主要生鲜及农副产品,依托十堰堰中蔬菜市场、宜昌金桥果蔬市场、襄阳农产品交易中心、随州香菇大市场、鄂西北粮油大市场、通源农产品大市场、恩施华硒生态农产品批发交易市场等大型批发市场,发挥恩施等地参加全国农产品现代流通试点的优势,以生鲜和农副产品批发市场为主导,通过"生产基地+批发市场"的形式,将农户、合作社或基地生产的农副产品集中起来进行加工、分级、商品化包装;向后一体化将农副产品的冷链各销售环节连接起来,实现产地与消费地的冷链对接;构建鄂西北生态农产品冷链供应链,实现鄂西北生态生鲜和农副产品的冷链输出。

3. 长江食品冷链经济带

依托湖北省长江经济带沿江地区水产品、蔬菜、水果、油菜籽、大米、生猪、家禽、小麦等主要农产品和荆州两湖平原农产品交易中心、湖北富迪、洪湖米业、武昌鱼股份公司、嘉鱼山绿食品、长阳火烧坪蔬菜、宜昌萧氏茶叶等农产品销售龙头企业,发挥仙桃等地参加全国农产品现代流通试点的优势,以农产品销售龙头企业为主导,通过"企业+基地"的形式,构建长江食品冷链经济带。鼓励和支持农产品销售龙头企业积极探索与上下游企业的冷链对接,加强龙头企业质量安全检测系统、市场信息网络系统等冷链系统的建设。由龙头企业将分散经营的农户联合起来,建立契约机制,形成战略联盟,实现农产品的冷链集成运作形式。

4.1.2 湖北省(中国)食品冷链物流市场需求

目前,食品冷链物流需求是我国冷链物流需求的大头,占行业总需求的90%。中商产业研究院预测,2022年我国食品冷链物流需求量可达3.35亿吨,需求空间巨大。然而,巨大的冷链需求并未给多数冷链物流企业带来同比例的业绩增长,究其原因,"成本增加"和"订单利润过低"等因素是目前食品冷链物流企业业绩增长的痛点所在。

冷链物流行业是我国现代物流行业的重要组成部分。冷链物流行业的需求结构涉及食品、医药和化工等行业。2020年,食品冷链物流需求是我国冷链物流需求的大头,占行业总需求的90%,其次是医药行业的冷链需求,占比达9%,主要涉及疫苗、血液制品等药物的冷链储存与运输需求。

食品冷链物流需求作为冷链物流行业的主要市场需求,2022年我国的需求总量预计达到3.35亿吨。详细来看,蔬菜冷链物流需求总量为6489.2万吨,占比27.84%;水果冷链物流需求总量为5480.2万吨,占比23.51%;肉类冷链物流需求总量为4577.7万吨,占比19.64%;水产品冷链物流需求总量为3823.3万吨,占比16.40%;乳制品冷链物流需求总量为1658.8万吨,占比7.12%;速冻食品冷链物流需求总量为1279.4万吨,占比5.49%。

广阔的食品冷链需求促进了食品冷链物流总额的快速增长。相关数据显示,2020年我国食品冷链物流市场总规模为3832亿元,比2019年增长440.8亿元,同比增长13.0%,且仍保持较高的增长态势。预计2022年中国食品冷链物流需求市场规模将增至4567亿元(数据来源:中物联冷链委、中商产业研究院)。

4.1.3 湖北食品冷链物流龙头企业

1. 湖北嘉安控股集团

湖北嘉安控股集团嘉鱼冷链物流有限公司是华中地区一次性投资最多,建成单体冷库群规模最大,配套设施最完善的4A级物流企业。公司位于长江经济带武汉城市圈嘉鱼县物流园区内,该物流园在武深高速与嘉鱼县长江大桥交汇处,东邻京珠高速,北接沪蓉高速,东西南北交通纵横畅达,2~5小时内可直达周边省市中心城市。公司注册资本6000万元,占地200亩,固定资产投资3亿元,是集农产品、水产品、畜禽产品的交易、加工、仓储中转、冷链物流、配送服务等多功能于一体的现代物流企业。在项目选址范围内还与县政府联合建设了嘉鱼现代农业综合展示中心和乡村旅游接待中心。该项目已于2016年投产运行,现有冷库面积达22000平方米,库容达3万吨,其中高温冷库1万吨、低温冷库2万吨;拥有低温运输车30辆及配套完善的设备设施,全年可周转冷冻冷藏农产品20万吨,提供直接就业岗位300个,间接就业岗位500个。公司冷库群及设备设施,与建成投入运营的农业综合展示中心、乡村旅游接待中心交相辉映,已成为展示嘉鱼现代农业成果和特色的一道亮丽风景。

湖北嘉安控股集团已于2018年启动二期工程,着力打造长江经济带综合物流园区。以嘉鱼冷链物流公司为龙头,聚合有识之士,占地509亩,规划投资10亿元,聚资打造"华中物流基地,产品交易中心",为县域经济发展和农民脱贫致富做出应有贡献。

2. 湖北三峡银岭冷链物流股份有限公司

银岭品牌始创于2001年,集团始终坚持创新发展,先后成立了5个分公司和6个关联公司。其中,湖北三峡银岭冷链物流股份有限公司成立于2017年5月5日,注册资金2亿元,承建和运营的"三峡银岭物流产业园"项目采取"以商招商""边建边投"的方式推进,投资总额5亿元,总用地面积233亩,总建筑面积10万平方米,以"物流千万里,保鲜零距离"为目标,是鄂西南唯一一家集冷冻、冷藏、仓储、冷链包材、加工、包装、物流配送、产品交易、电子商务于一体的专业性综合冷链物流园区。先后有顺丰鄂西分拣中心、京东宜昌城市仓、美团优选、双汇食品、蒙牛乳业、阿里巴巴等企业入驻运营。公司致力提升冷库干仓仓储融合运营、速冻加工、农产品供应链、物流配送、完善的冷链包材等服务,产品类别涵盖了水果、海鲜、冻品、肉禽、奶制品、中药材、茶叶等。

智慧化物流体系建设成效显著。在物流网络大数据基础设施上,三峡银岭冷链物流产业园投入近3000万元建设三峡银岭冷链供应链云平台,基于物联网、云计算、大数据、区块链等技术的运用,打造成了线上线下一体化的大数据冷链流通中心,通过对冷链商品流通各环节的数据管理与智慧运营,实现了农产品标准化加工、冷链仓储可视化管理、冷链运输全程监控、产销对接一键发货、商品流通全链条溯源,达到了全链条降本增效提质、智能安全可视的目的。

冷链仓储物流能力不断提升。园区具备30万立方米的冷链仓储能力,采用WMS仓储管理系统和24小时自动化温控体系,可覆盖－35～15 ℃的多温区,配备双向装卸口、穿梭式货架、自动穿梭机、封闭式恒温月台和升降式装卸平台,可为客户带来现代化服务的体验。负责冷链物流配送的城市集配项目,拥有300吨/日的冷链物流配送能力,可实现各类产品的冷链物流智能配送,并通过物联网及云平台系统实现全程追溯式管理,提供"最后一公里"解决方案。

三级物流体系建设持续推进。2020年10月,三级冷链物流体系建设项目正式启动,在湖北省内建设以宜昌园区为中心,覆盖全省的冷链物流仓储、冷链物流运输、大宗贸易交易服务的网络支点;结合宜荆荆恩和鄂黄黄城市经济圈,布点了宜昌综保区进口冷链保税仓,荆州、恩施、襄阳、黄冈冷链物流仓。依托三峡银岭冷链大数据网络建设,"以宜昌为中心,冷链驿站分布周边"的冷链仓、配、运一体化战略格局初具雏形。其中,宜昌综保区冷链保税仓项目已建成并满仓运行中,黄冈冷链分中心建设项目正在进行中。

配套服务能力强劲。配套建设肉禽类分割加工配送项目、生鲜冷链展示交易中心、冰袋生产线、数字化光电分级分选生产线等,形成产地、加工、配送、进出口双向贸易等业务一体化的发展模式。其中,肉禽类分割加工配送项目年分割配送生猪能力达60万头;光电分级柑橘多通道分拣设备日产量达480吨;冰袋生产线年产冰袋7000万袋,年产柱、块、砖、颗粒状干冰等3万吨。这些配套服务具有保障上游种植农户的收入趋于稳定、畅通下游销售通道、促进农特产品上行的承接作用。同时开发的供应链金融功能,可提供农产品抵押等融资业务,解决上游种植企业、农户的资金需求问题,从而建成集供销直达、电子商务、城市集配、农业金融为一体的供应链体系。

冷链技术支撑力量巨大。关联企业宜昌市银岭冷冻设备有限公司是集生产研发、测试、销售于一体的高新技术企业,可年生产冷冻及制热设备5万台(套),实现产值近5亿元。主要产品为撬块机、多温移动冷库、移动速冻库、冷凝机组等,广泛应用于水果、蔬菜、干货、水产、药材、药品、肉类、电子、化工、机械等各个领域。

该公司拥有焓差实验室、冷凝机组实验室、冷库长期运行实验室、在线检测实验室等,实验配备设施达到国内先进水平,并得到国家相关权威机构认定。在预冷技术、速冻技术、运输冷冻冷藏技术、恒温恒湿技术、强化换热技术、一体机制冷系统技术,以及超低温制冷技术等方面,都在国内冷冻冷藏行业处于领先水平。

发展目标明确。以打造国家骨干冷链物流基地为目标,聚焦宜昌优质生鲜农产品,依托宜昌"黄金十字"和三峡坝首区位优势、长江经济带发展战略优势,将宜昌国家骨干冷链物流基地建成鄂渝湘重要国家骨干冷链物流基地、鄂西南生鲜农产品集散地、宜昌生鲜农产品应急保供基地、宜昌市现代农业枢纽经济发展平台。打造具有"平时稳定、急时可靠"韧性强的国家骨干冷链物流基地,服务鄂渝湘地区农产品冷链物流需求,辐射全国冷链物流市场,融入全球冷链物流体系,保障鄂渝湘地区食品药品消费安全,不断提升区域冷链物流规模化、集约化、组织化、网络化运营水平和应急保供能力。

3. 武汉汉欧国际物流有限公司

武汉汉欧国际物流有限公司是中欧班列(武汉)的运营商,是湖北武汉服务"一带一路"倡议实施的骨干企业之一,现为湖北省港口集团有限公司全资子公司。中欧班列(武汉)于2012年10月开通,2014年开启常态化运行模式,经过近7年发展,已成为湖北武汉扩大对外开放的重要窗口、改善营商环境的重要载体、发展外向型经济的重要平台。

目前,中欧班列(武汉)已形成了途径新疆阿拉山口、霍尔果斯,内蒙古二连浩特、满洲里,广西凭祥五个口岸进出境的格局,共计拥有29条稳定的跨境运输线路,辐射欧亚大陆30多个国家、70多个城市,开通了武汉至德国公共班列,武汉至捷克富士康、武汉至波兰冠捷、武汉至法国迪卡侬、俄满汉木材、武汉至乌克兰基辅、武汉至波兰罗兹烽火科技等特色专列和"日本—武汉—欧洲""日本—武汉—蒙古"集装箱海铁联运国际中转线路,"武汉—钦州—东南亚"铁海联运新通道,初步形成了"联通欧洲、覆盖中亚、衔接日韩、连接东盟"的国际多式联运服务网络,为客户提供优质高效的国际供应链一体化物流服务。

4.1.4 湖北食品冷链物流行业现状及问题

湖北食品冷链物流行业SWOT分析图如图4-1所示。

(一)湖北省发展冷链物流的优势

1. 区位交通条件优势

湖北省地处我国中部,长江中游,承接东西,贯通南北,是我国的重要交通通信枢纽和物资集散中心。东部经济发达地区不仅提供了消费市场,而且交通、信息优势对湖北省生鲜食品冷链物流的发展具有辐射带动作用。长江贯穿全省,水陆空交通发达,便于生鲜食品冷链物流系统的高效运转。湖北主要城市之间交通便利,主要城市之间以及与省外主要城市之间已初步形成了陆海空综合交通网,位于长江中游和汉江下游等黄金水道,拥有

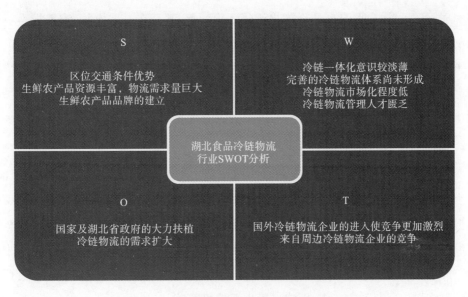

图 4-1 湖北食品冷链物流行业 SWOT 分析

武汉、宜昌、沙市、黄石、襄樊等重要港口,水运条件十分优越。京广、焦柳、京九和襄渝等 4 条干线铁路,京珠和沪蓉高速公路,106、107、207、316、318 等 8 条国道贯穿省境,构成了湖北连接东西、通达南北的陆上运输网络,为湖北省冷链物流产业的发展提供了良好的区位交通条件。

2. 生鲜农产品物流需求量巨大

湖北省被称为"千湖之省""鱼米之乡",其淡水产品和蔬菜产量都位于全国前列,农副产品生产和流通量很大。据统计,2013 年湖北省粮食总产量 2501.3 万吨,油料总产量 333.1726 万吨,茶叶产量 221957 吨,园林水果合计 5694151 吨,生猪出栏 4356.43 万吨。随着农产品产值的快速增长,对冷链物流提出了更多的要求,同时对冷链物流的需求也相继增加,从一定程度上促进了湖北省冷链物流产业的发展。

3. 生鲜农产品品牌的建立

湖北省生鲜农产品种类繁多且丰富,大多有特色的农产品已成功建立了自己的品牌。比如,"梁子"牌梁子湖大河蟹获批原产地域保护产品,其商标相继被评为"武汉市著名商标"和"湖北省著名商标",产品深受消费者的青睐,行销全国,并远销韩、日、新加坡、马来西亚。湖北省生鲜农产品品牌在湖北政府的大力支持下发展迅速,并获得消费者的认可,孝感、武汉的蜂产品远近驰名,宜昌地区的水果行销全国,等等。

(二)湖北省发展冷链物流的劣势

1. 冷链一体化意识较淡薄

湖北省冷链物流发展迅速,但无论是企业还是农户,对冷链物流的内涵、标准、作用的认知和理解还不够,生鲜农产品冷链物流的意识淡薄,甚至在一些农村,农民根本不知道冷链物流,省内大多数生鲜农产品仍处于传统物流状态。有数据显示,目前大约有90%的肉类,80%的水产品,大量的水果、蔬菜、牛奶、豆制品等还是在没有冷链保证的情况下运销。以蔬菜、水果为例,发达国家产后损耗率为5%左右,而我国超过30%,每年果品腐烂近1200万吨,蔬菜腐烂约1.3亿吨,每年造成的直接经济损失达1000多亿元。

2. 完善的冷链物流体系尚未形成

冷链物流包括冷冻加工、冷冻(藏)贮藏、冷藏运输与配送、冷冻(藏)销售四个部分。这四个部分环环相扣,形成一条完整的冷链物流体系,要求各个环节具有高度的组织协调性。但是目前,湖北省生鲜农产品的冷链物流体系尚处于起步阶段,与发达国家甚至国内一些经济发达地区的差距还比较大。冷链物流各环节缺乏系统化、规范化、连贯性的运作,部分环节甚至出现"断链"现象,不仅造成农产品的大量浪费,成本居高不下,而且难以保证销售终端农副产品的品质,影响居民生活消费质量。

3. 冷链物流市场化程度低

第三方冷链物流企业发展缓慢。湖北省农产品生产大多靠分散的农户个体生产,且地区较分散,导致在农副产品的冷链物流中难以形成规模效应。目前湖北省像山绿冷链、武汉肉联等大型冷链物流企业,能开展仓储、运输、配送等一条龙冷链综合物流服务的企业较匮乏。现有的第三方冷链物流企业在物流信息化方面明显不足,大大影响了供应链上下游的信息协同性,从而影响了农副产品冷链物流的在途质量、品质、准确性和及时性。

4. 冷链物流管理人才匮乏

物流行业在我国兴起较晚,而冷链物流则是在近几年才受到政府和企业的高度重视。大多冷链物流人员都是从普通物流人员转变而来的,虽然对冷链物流具有一定的实践经验,但是缺乏对冷链物流的理论知识,对引进的相关冷链物流先进技术也不理解,无法很快应用到实践中,造成企业巨大的损失。虽然现在湖北省的大多高校都开设了物流及与物流相关的专业,但由于高校教育偏重于理论教学,实践教学及经验薄弱,毕业生所具备的专业技能与企业需求的还有较大的差距。目前行业内低层次的物流人才多,高层次的物流人才少,物流人才供给与需求的矛盾较突出。

(三)湖北省发展冷链物流的机遇

1. 国家及湖北省政府的大力扶植

"十二五"期间,湖北省相继出台了一系列相关政策来促进全省物流业发展,在支持全省重要的物流园区及信息平台建设、减轻企业负担、促进物流集聚发展等方面发挥了积极作用。湖北省物流业发展呈现速度较快、产业规模不断扩大的趋势。

"十三五"期间,湖北省物流业发展面临难得的机遇。交通区位浑然天成,水运优势得天独厚,逐渐由"运输通道"发展成为"物流节点"、由"交通立交桥"进阶成为"物流大枢纽";产业链体系较为完整,吸引了各种物流业态的集聚融合。

新时期,国家将加快实施"互联网+高效物流",加快推进物流业补短板进程,提高信息化和标准化水平,推动交通运输与物流业的融合发展以及基础设施间的高效衔接;加快物流业的信用体系建设,大力推进"互联网+"时代下云计算、大数据、智能化技术等新技术在物流领域的广泛应用,最大程度地发挥物流业在降成本、稳增长、促进有效投资、拉动消费升级等方面的积极作用。

湖北省作为中部重要省份,国家层次战略机遇累积,宏观全局使命叠加,省域发展战略明确,发展目标清晰,在全国发展格局中的战略地位更加突出。特别是国家实施长江经济带发展战略和中部崛起新十年规划,推进长江中游城市群建设,有利于湖北省承接国际资本和沿海产业转移,加强与沿江及周边省市合作,为本省物流业的转型升级和快速发展奠定了良好的发展环境和坚实的政策基础。

2. 冷链物流的需求扩大

湖北省素有"鱼米之乡"的美誉,农业资源丰富,农产品年年增收。随着湖北经济的快速发展,人们生活水平的逐步提高,人们对物质文化需求也提出了更高的要求,消费者消费观念的变化和市场需求变化刺激着冷链物流的快速发展。据统计,武汉市年消费冻品80万吨,其中仅淡水鱼一项的需求就达30万吨,而武汉市生鲜农产品现有储藏量仅有15万吨,供给远远不能满足需求,市场潜力巨大。另外,根据中国工业制冷协会的消息,在节能、环保、提高食品安全等三因素推动下,中国制冷业正迎来高速发展期,其中农产品冷链物流增长空间最大,未来五年内社会投资将新增2000亿元。

(四)湖北省发展冷链物流的威胁

1. 国外冷链物流企业的进入使竞争更加激烈

中国巨大的市场潜力吸引着国外众多物流企业相继进入我国,给国内的物流企业带来竞争的同时,也给湖北省的物流企业带来了威胁。如澳大利亚最大的冷链物流提供商太古股份公司于2008年进入华南市场,而丹麦的丹佛斯公司也在上海、深圳等地建立了实力强大的冷藏箱运输车队,以逐步占领中国的冷链物流市场。国外物流企业的进入会给湖北省的物流行业带来一定的影响,但也会刺激湖北省冷链物流企业改进物流技术,提高服务水平,优胜劣汰,在激烈的竞争中生存下去并进一步地发展。

2. 来自周边冷链物流企业的竞争

虽然湖北省的冷链物流发展迅速,但不可避免地面临着周边地区的竞争,比如来自长沙、重庆、郑州等地区冷链物流企业的威胁。其中素有"中国粮仓"之称的河南省省会城市郑州,近年来冷链物流体系发展迅速,全国最大的肉制品加工企业双汇集团的总部也在河南省,良好的产业基础使得郑州市的冷链物流体系具有很大的竞争优势。湖南省交通运输发达,综合运输体系初具规模,长沙金霞现代物流园被列为全国物流示范基地。周边地区的冷链物流发展给湖北省冷链物流的发展带来了巨大的挑战。

4.2 湖北省食品冷链物流与其他省份的比较

4.2.1 河南省

河南省是典型的农业省份,粮食、果蔬产量都位于全国前列。除了作为原料生产基地之外,河南省也对农产品和农副产品进行生产加工,同时还是速冻食品、肉类、禽类生产加工的大省。河南省所处地理位置比较优越,公路、铁路、航空交通都十分便利,有比较完整的现代化运输体系。

2021年,国内冷链物流市场规模高达3000亿元,其中河南省的发展规模更是位居全国前列。目前已有一些知名冷链物流企业,在2021年中国冷链物流企业排名中,双汇和河南鲜易更是分别排在第五名和第六名。冷链物流的基础设施也在不断地完善,其中,冷藏车的数量在国内排名第二,冷库总量则位于国内第四。

2017年11月11日,河南省政府办公厅发布了《河南省冷链物流转型发展工作方案》《河南省快递物流转型发展工作方案》《河南省电商物流转型发展工作方案》,实施期限为2018—2020年。物流业三大方案集中出台,标志着河南省对建设现代国际物流中心和全产业链现代物流强省有了具体规划。一方面,要显著提升冷链物流流通水平,如果蔬类和肉类的流通率、运输率以及可追溯率分别要达到30%、50%、60%和50%、85%、65%。另一方面,要全面推进冷链国际现代化进程,提高航空冷链、中欧班列冷链的业务量。同时,提高省内冷链物流企业实力,培育规模大、标准化的标杆企业。

近年来,我国出台了多项振兴物流业的政策,从税收、物流用地等多方面支持物流业的发展,现代物流业乘上了快速发展的列车,智慧物流在各个龙头企业得到了较好的应用,为现代物流业的降本增效提供了发展的重要抓手。冷链物流作为一个重要的新兴产业被推上国家政策层面,成为物流行业中不可逆转的发展潮流。在市场需求推动下,河南省发布的《河南省现代物流业发展规划》中明确将食品冷链发展放在首位。河南省作为农业大省,将利用产业优势迎来新的历史发展机遇。

1. 冷链基础设施设备逐步完善

随着消费者对生鲜食品安全性和新鲜度的要求不断提高以及政府的大力支持,河南省冷链物流行业发展迅速,加强了基础设施建设。到2018年年底,河南省冷藏车保有量超过14000辆,位居全国第二位,其中河南省民权县制冷工业园冷藏车市场占有率连续多年达到40%以上,位居全国首位。河南省拥有的冷库面积超过84万平方米,冷库保有量同样位于全国第二。河南省的冷链物流基础设施基本可以满足需要。

2. 园区建设逐步成型

2017年11月,河南省印发《河南省冷链物流转型发展工作方案》,提出建立规模化、标准化、智慧化、专业化的冷链物流体系,到2020年基本确立国际冷链物流枢纽地位。在平顶山、焦作等地区,河南省集中建设了大批以食品加工为主的生产型企业,在市场及社会中推出了低温冷冻肉及乳制品,投入了大量的资金及资源建设了物流发展中心,并且有针对性地引入了冷链物流加工场所。

3. 冷链企业行业领先

河南省各大冷链物流企业根据自身特点与优势,着手各个不同的方面改进冷链新技术,推进全省整个冷链物流行业的进步。2018年中国冷链物流企业排行榜数据显示:河南省漯河市的双汇物流整体排名位居第五,鲜易供应链有限公司则位居第六。这两家企业依托自身的肉制品加工企业,建立了"十字形"冷链物流网络。采用先进的设施装备,打通食品产业链上下游,使冷链物流节点具备健全完善的功能体系和机构。对于冷链物流管理的各个环节及程序必须建立起系统化、标准化的制度体系,进而逐渐完善物流发展机制。河南鲜易供应链有限公司根据企业发展的实际情况,基于市场发展的本质要求,率先明确提出了生鲜产业链生态圈的相关概念,以期实现O2O生鲜供应链服务商的战略转型。该公司通过物联网、移动技术打造了知名的"冷链马甲",促进了库源、货源、车源和物流服务的高效匹配。冷链马甲是一个全国性的公共信息平台和冷链资源交易中心,结合同时建立的智慧冷链物流综合服务平台,实现了生鲜供应链上用户节约物流成本10%以上。双汇冷链物流是国内最大的冷链物流企业之一,建立了完善的冷藏全产业链,善于整合行业资源,以规模优势、网络优势、资金优势为客户提供优质高效的冷链物流服务。

4.2.2 湖南省

湖南省是一个农业大省,也是一个农产品生产和消费大省。湖南省素有"鱼米之乡"和"湖湘熟,天下足"之美誉。湖南的蔬菜、水果、生猪、淡水产品等生鲜农产品在全国占有重要地位。近5年内湖南省的主要生鲜农产品中蔬菜较全国的比较优势逐年上升,水果、肉类、水产品和蛋类也基本保持稳定。

1. 市场规模稳步增长

湖南省是农业大省,农产品资源丰富,"三品一标"产品拥有量居全国前列,大宗农产品、特色农产品产量逐年增长。2018年,水果产量1048.0万吨,蔬菜产量3979.6万吨,畜牧产品产量653.9万吨,水产品产量266.4万吨。农产品冷链流通的规模不断增长。

2. 基础设施逐步改善

全省冷链基础设施不断完善,冷链物流基地基本形成。截至2019年10月,已建成冷库容量为348.5万吨,比2014年增长58%。其中,冷冻库180.4万吨,占51.8%;冷藏库110.3万吨,占31.6%;保鲜库57.8万吨,占16.6%。在建冷库容量有172万吨,农产品批发市场冷库在各类冷库中占比最高。现有冷藏车2338辆。

3. 经营主体不断壮大

截至2019年10月,全省从事冷链物流相关企业有599家,其中规模以上企业有70家,以农产品生产加工企业和商贸流通企业为主。拥有云通、红星、佳惠等农产品冷链龙头企业,涌现出爱尚通程、顺丰优选等特色生鲜电商,长沙展通物流、蜀海(湖南)供应链等重点项目相继落地。云通物流入围2018年全国冷链企业20强,湖南红星实业入围2018年全国农批市场冷库容量20强。医药冷链在全国有较强实力,拥有国药湖南、华润湖南、湘潭天士力、郴州凯程等大型冷链物流企业以及康程物流等第三方医药物流公司。

4.2.3 安徽省

近年来,安徽省物流行业与生鲜市场规模皆不断扩大。到2017年,安徽省交通运输、仓储和邮政业生产总值为875.4亿元,比上年增长4.3%;农林牧渔业生产总值为2749.1亿元,比上年增长4.2%。其中粮食产量3476万吨,蔬菜产量2892.1万吨,水果产量1077.9万吨,水产品产量240万吨。中国物流与采购联合会冷链物流专业委员会的统计显示,2016年国内冷链物流需求为2200亿元,同比增长22.3%。艾瑞咨询发布的《中国生鲜电商行业消费洞察报告》指出,2017年中国生鲜电商市场交易规模约为1391.3亿元,接近1400亿元,同比增长59.7%。未来,随着"互联网+农业"一二三产业融合发展的深入及资本的注入,冷链物流市场将持续迅猛增长。但与此同时,冷链物流也存在诸多问题。

以习近平新时代中国特色社会主义思想为指导,全面落实习近平总书记对安徽作出的系列重要讲话指示批示,立足新发展阶段,完整、准确、全面贯彻新发展理念,服务和融入新发展格局,紧紧围绕肉类、果蔬、水产品、乳品、速冻食品、医药产品等物流需求,建设完善冷链物流枢纽网络,提升冷链物流体系现代化水平,做大做强市场主体,健全监管保障机制,提高人民群众生活品质,助力长三角绿色农产品生产加工供应基地建设,为打造国内大循环的重要节点、国内国际双循环的战略连接提供有力支撑。

到2025年,冷库总库容达到1750万立方米,人均库容赶超全国,接近江苏、浙江平均水平,争创国家骨干冷链物流基地 4 个,建设省级冷链物流基地 15 个左右,搭建衔接产地销地、覆盖城市乡村、连通国内国际的冷链物流网络,建成畅通高效、安全绿色、智慧便捷、保障有力的现代冷链物流体系。

4.3 2020 年湖北省抗击新冠肺炎疫情食品冷链物流企业与企业案例

4.3.1 武汉萃元冷链食品物流园

湖北台湾农民创业园(简称黄陂台创园)的台资企业湖北萃元食品发展有限公司下属企业武汉萃元冷链食品物流园 2020 年 2 月 4 日被交通部指定并检验合格,作为湖北省抗击新冠肺炎疫情中转调运站。按照国务院有关新冠肺炎疫情防控工作的部署要求,来自全国各地的应急物资在这里顺利中转。

武汉萃元冷链食品物流园进鄂应急防疫物资中转调运站 2 月 6 日开始接收第一批物资,截至 3 月 1 日,共计进站车辆 44 台,完成入库医用物资及民生物资共 1026 吨,其中医用物资 362.5 吨(含增氧机、医用消毒水),民生物资 663 余吨。分别安全转运医疗器械、防护用品物资到湖北省各市区医疗战线单位,转运生活保障物资到社区、小区集中供应点,一定程度保障了各单位物资所需。

黄陂台创园是华中首家、湖北唯一的国家级台创园。上级主管部门农业农村部台办、省农业农村厅台办、市区台办十分重视和关心园区的新冠肺炎疫情防控工作,捐赠了防护用品,对萃元中转站的运行工作提出了具体指导意见,确保园区工作安全有序。

4.3.2 武汉农村电商公司

湖北省与武汉市抗击新冠肺炎疫情表彰大会先后召开。武汉市供销社出资企业武汉农村电商公司荣获"武汉市抗击新冠肺炎疫情先进集体"称号。新冠肺炎疫情发生以来,武汉市供销社深入贯彻落实习总书记重要指示批示精神,根据省市统一部署,不惧风险,奋勇逆行,全力抓好疫情防控、居民生活物资保供、农业生产资料保供和疫情善后等工作,受到了各方面充分肯定。在武汉市供销社党委的坚强领导下,武汉农村电商公司与山绿农产品集团积极投身市场保供,全力保障市民疫情防控期间生活。农村电商公司用一天时间完成"供销集市"平台设计酝酿、开发测试和落地实施,深入专业合作社、贫困村等找资源、挖产品,"供销集市"平台由最初不到 20 个品种逐步扩大到涵盖米、面、粮、油、果蔬、水产等 13 个大类近 200 个品种。主动承接 10 元特价蔬菜供应,成为全市唯一一家可线上订购 10 元菜的电商公司,并向市民作出"疫情期间坚决不涨价"的庄重承诺。对接"志愿者"服务队、社区工作者和物业公司,做好商品配送"最后一百米"的无接触式商品分发准备,累计组织蔬菜等百姓生活物资直供社区700多个,覆盖人群200余万,配送总量达到6000余吨,成为疫情期间保障市民"菜篮子"的主渠道之一。

4.3.3 山绿农产品集团

山绿农产品集团(简称山绿集团)在保运转、保供应、保安全的抗击疫情战役中,始终坚守岗位、坚持经营、保障供应。作为中央厨房生产基地和食品冷链物流集散园区的"守园人",孟宪良第一时间带领班子成员落实防护措施,紧急动员18名志愿者员工驻守山绿冷链物流园区,身先士卒、靠前指挥,连续76天奋战在园区一线。在常态化疫情防控期间,山绿集团积极加强进口冷链商品管控,有效应对风险挑战。

1. 科学防疫管理,平安服务市民

疫情之初,山绿集团没有选择停产停工、封闭大门,而是在第一时间实现园区封闭式管理,组织志愿队伍吃住园区,坚持运营76天。为保障干部职工生命健康安全,山绿集团采取了多项措施。一是开展全园区的综合防疫工作。从车辆消杀、商品外包装消毒到人员体温监测、医疗防护等多个环节,采取多项措施阻断疫情传播链条,实现园区"零感染、零疫情",为平安保供打下坚实基础。二是开展无接触配送作业模式。外来车辆停靠仓库码头后,由园区作业人员负责卸货、转货等后续工作,司乘人员不下车,物流车辆自进入山绿园区到转货驶离,司乘人员全程不与园区人员和环境接触。三是组建生鲜农产品项目组,"点对点"对接农产品的调配。为了让广大市民吃到新鲜菜、放心菜,项目组加班加点,在零下18摄氏度的低温仓库一线,每日连续作业近20小时,实现日均吞吐货量38吨、22车次,最大限度地满足了在疫情时期爆发式增长的民生需求,让包含多种菜品的民生蔬菜包直接从山绿园区进入市民手中,减少其他人员接触,降低流通环节涉疫风险。

2. 建立应急储备,凸显社会责任

疫情紧张时期,武汉实行封控管理。一时间企业停产、商场停业、物流停运。在山绿冷链物流园区,企业为春节储备的鲜活农产品遭遇物流受阻、产品滞销,而居家隔离的武汉市民对鲜活农产品需求集中却又得不到及时满足。为了解决这一矛盾,山绿集团牵头组织园区企业,充分发挥中央厨房生产加工中心和农产品冷链物流集散园区在农副产品存储、加工和配送上的优势,对接电商服务平台,成立"武汉供销生活物资应急储备中心",发挥社会公共服务型冷链物流园区"平时服务、灾时应急、采储结合"的作用。疫情期间,山绿集团累计供应生活物资达2万余吨、4500余车次,配送覆盖面达370多个门店和500多个社区。同时利用成熟的供应链物流体系,向雷神山医院等防疫机构紧急抢运通信器材2.75万台,支援武汉电信运输光电保障类设备1267吨。充分发挥国有企业社会责任,组织园区客户向全省30家定点医院、养老院、社区发送价值1550万元的捐赠物资。

3. 稳定经营基本面,推动企业复工复产

疫情得到有效控制后,在市委、市政府加快企业复工复产号召发出后,山绿集团党委班子认真贯彻落实市供销合作总社的决策部署,推动山绿集团及园区企业复工复产。

企业停产,意味着订单无法按期交付,严重影响企业的市场份额和发展。为了帮助园区客户保住市场订单,山绿集团充分发挥农产品冷链园区综合优势,积极协调帮助园区企业,最早实现全面复工抢抓经营,至2020年3月底,园区企业率先复工200家,复工率达100%,成为东西湖区首批全面复工的产业园区之一。

在推动复工的同时,集中为园区10家中小微企业累计申请纾困资金额度近1亿元,实施租金减免政策。落实园区39家客户租金减免418万元,帮助企业保住资金链条,辅助企业平稳度过艰难时刻,进一步巩固了以高端客户为代表的农产品餐饮冷链生态圈。

4. 多点布防,强化进口冷链集中监管

常态化疫情防控期间,为了防止疫情从冷链途径传播和扩散,按照国家和省、市关于加强冷链食品疫情防控的工作部署,山绿集团积极争取防疫监管部门支持,设立进口商品缓冲库和集中监管仓,凡进入园区的进口冷链商品,必须先在缓冲库中进行核酸检测和预防性消杀,经检测合格后再进入集中监管仓存放。

在加强进口冷链商品防疫管理方面,山绿集团坚持执行"人、货、库、车"多点同防的精准防控机制。为此,引入核酸检测、消毒等专业机构,实行人员核酸七天一检,商品每箱必检、每件必查。加强流通溯源和车辆跟踪管理,应用"鄂冷链"平台,对进口冷链商品货、库、车、人的防疫信息进行全程录入,实现人物同防,做到了来源可追、去向可查。累计集中完成进口冻品核酸检测1000余吨,为客户降低防疫检验费用30%,确保进口冻品的防疫安全和作业效率。

山绿集团成为第一批省级疫情防控重点保障企业,累计为沃尔玛超市、盒马鲜生、百胜餐饮、青岛新快等农产品冷链物流园区企业配送供应各类食品1.3万吨、4475车次,供应全市餐饮及便利店等门店668家,向17个地市州电信网点配送防疫物资203万件,发挥了生活物资应急储备和调运中心的重要作用。

4.3.4 湖北省物流协会

一场毫无征兆的新冠病毒引发的肺炎疫情在2020年年初扰乱了武汉人民的生活节奏。按照党中央、国务院决策部署和湖北省武汉市指挥部有关要求,湖北省物流协会快速响应中物联的行业倡议,带领会员企业和物流行业,一直密切关注疫情防控工作对物流行业的应急要求,会同物流企业,及时快捷地联系、协调、解决物资运输中的突出问题,彰显了物流行业、物流企业勇担社会责任的行业风范,发挥了积极的保障作用。一方面果断决策,连夜组建疫情防控工作应急专班。省市疫情防控指挥部关于1月23日上午十点关闭离汉通道的决定在22日下午公开发布后,协会于22日当晚9点多就迅速组建了"湖北省物流协会新型冠状病毒感染肺炎疫情防控工作应急专班"。另一方面,利用协会的企业微信"鄂物协微信",向会员单位和全省物流行业,及时发布和传递国家和省及武汉市防控指挥部、中物联有关防疫物资的应急措施。期间,以"战疫情、湖北物流行业在行动"为主题,先后发布了7组系列信息,并连续发布了5个中转站的相关信息。

湖北省物流协会利用自媒体等多种方式,及时衔接物流企业以解决社会各方防疫物资运输的紧急物流需求,及时联系解决物流企业在全市交通管制环境下运输车辆通行中的特别紧急问题。疫情防控工作应急专班主要做了以下五方面的工作。一是衔接省内协会、商会、防疫机构,联合运送捐赠应急物资。二是联系中物联和全国各省市协会,联合运送捐赠应急物资。已直接衔接的地方协会主要有:浙江省物流与采购协会、重庆市物流与供应链协会、成都市物流协会、沈阳市物流行业协会、湖南省物流与采购联合会、甘肃省物流行业协会、襄阳市物流协会、黄石市物流协会、鄂州市物流协会等。三是主动联系当地政府有关部门,衔接协调应急物资在入鄂、出鄂、中心城区通行中的具体运输保畅问题。四是联系副会长单位、A级物流企业运送捐赠应急物资。五是为会员单位、ITC采购供应链学员单位,联系口罩、防护服、消毒液等防疫物资。

第 5 章 我国餐饮冷链物流发展

5.1 我国餐饮冷链物流发展概况

随着我国经济的发展和社会的进步,人们的生活水平不断提升,餐饮业得到了快速的发展。人们生活品质的提高,对餐饮业食品安全提出了更严格的要求。自 2013 年起,整个餐饮物流呈现出三个方面的特点:首先,餐饮企业逐步从自营物流转向第三方物流,物流企业在供应链中扮演的角色进一步延伸;其次,由于互联网和手机 App 的迅速发展,美团、百度等都推出了外卖活动,餐饮业 O2O 模式迅速兴起;最后,涌现出一大批中央厨房,集中规模采购、集约化生产、标准化加工配送,形成了标准化、集约化、专业化的操作模式。

5.1.1 我国的餐饮冷链物流市场规模

自从我国加入 WTO 之后,运输逐渐由传统型向现代型转变,即物流诞生。运输是物流的一个必备环节,随着技术的进步,冷链技术开始应用于物流业并走向产业化,开始在食品流通领域应用。国家统计局发布的数据显示,受疫情影响,2020 年中国餐饮业营业额为 6037.26 亿元,同比 2019 年下降 7.93%,2020 年中国餐饮业收入规模为 39527 亿元,较 2019 年下降 15.4%。但由图 5-1 和图 5-2 可知,除去 2020 年疫情的特殊原因,总体来看中国餐饮业的规模是不断扩大的。

庞大的销售额却需要相对分散的业态去实现,这就要求餐饮业建立餐饮物流。随着餐饮企业规模的扩张,一些大型的企业建立了自己的物流体系,实现了网点对门店的配

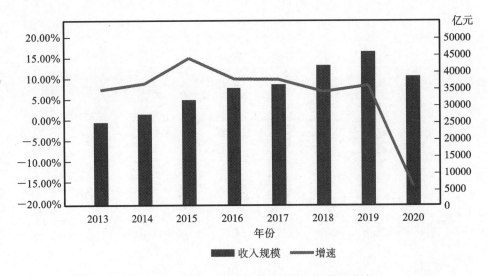

图 5-1　2013—2020 年中国餐饮业收入规模及增速

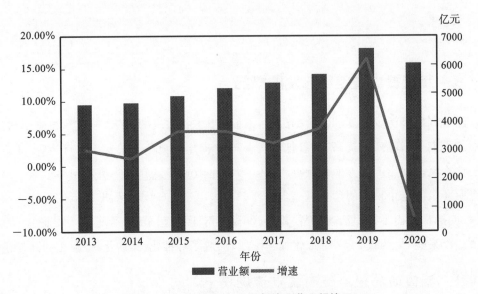

图 5-2　2013—2020 年中国餐饮业营业额情况

送,但自建物流需要更多的人力物力成本,是一些小型企业所不能承担的,因此出现了大量的第三方物流来帮助餐饮业实现配送。目前,我国餐饮冷链物流行业的机遇与挑战并存,经济的发展和社会的进步,使人们的消费观念由数量转变为质量,对食品的质量除了要求干净卫生外还要求新鲜、食用方便、取用便捷等。但我国相关基础设施较为陈旧,餐饮冷链物流的评价标准不够完善,缺乏先进的技术和管理手段,导致餐饮冷链物流发展缓慢,在运输过程中有较高的腐损率。

5.1.2 我国餐饮冷链物流发展现状

（一）我国餐饮冷链物流体系建设

随着我国人民生活水平的日益提高，"饮食健康"意识逐步增强，从食材的安全性、新鲜度到最终饮食的营养价值等，正在成为人们选择餐厅的重要考量指标。各类食材能够在特定的温度条件下进行采摘、加工、运输、仓储、分拨、配送到门店，最终经过门店的加工送上餐桌，无疑是餐饮产品的质量、品相和口感的重要保障，成为连锁餐饮企业赢得市场的重要筹码。在此背景下，我国连锁餐饮企业对冷链物流体系建设的关注度持续上升，新兴模式也正在涌现。

首先，数据显示，截至 2020 年，我国餐饮门店数量达到 653 万家，同比 2019 年下降 11%，疫情因素导致了部分中小型餐饮企业离场，但我国餐饮市场门店数仍在波动中上升，餐饮冷链物流市场巨大。其次，我国市场中连锁餐饮企业类型众多，其冷链物流水平参差不齐，其中外资连锁餐饮企业采用第三方冷链物流体系，管理完善，运作水平较高；国内大型连锁餐饮企业近几年着力提升冷链物流水平，自建中央厨房的企业越来越多，但小型连锁餐饮企业的冷链物流水平还相对薄弱。

1. 外资连锁餐饮企业的冷链物流体系

欧美发达国家已形成了完整的冷链体系。运输过程中，全部采用冷藏车或冷藏箱，并配以先进信息技术，建立了包括生产、加工、储藏、运输、销售等在内的完善冷链体系，新鲜物品的完好率较高。其中最有代表性的企业就是麦当劳公司。

麦当劳将冷链物流体系外包给第三方物流企业夏晖公司进行管理运营。虽然在前不久，夏晖公司宣布撤离中国市场，但是其多年来规范的物流运作已成为国内连锁餐饮物流服务标杆。夏晖公司为麦当劳提供一站式综合冷链物流服务，包括运输、仓储、信息处理、存货控制、产品质量安全控制等，并且根据麦当劳的店面网络建立了分发中心和配送中心。麦当劳冷链物流运作流程如图 5-3 所示。

麦当劳各门店根据销售情况向各个供应商下单，并同时将信息共享给夏晖；供应商按照夏晖制订的物流计划，将货品运送至夏晖各个区域的物流中心或分发中心；夏晖在物流中心内完成各类食材的存储、生产加工、分拨等物流作业，以循环取货（MILK-RUN）形式配送到麦当劳各个门店；到货后，麦当劳的员工与相关部门一同开箱验货。

在整个冷链物流运作过程中，夏晖公司拥有一套完整的物流运作与商品检测系统，包括订货系统、温度记录跟踪系统、温度设备控制系统、商品验收系统以及库存控制系统，可从食品下单环节到收货环节进行质量把关。

2. 国内大型连锁餐饮企业的自建冷链物流体系

近几年，为了提升品牌效应，快速占领市场，呷哺呷哺、海底捞、眉州东坡、汉拿山等规

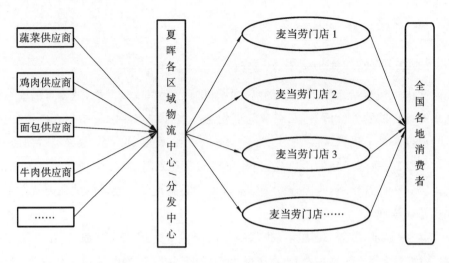

图 5-3 麦当劳冷链物流运作流程示意图

模较大的连锁餐饮企业都开始自建冷链物流体系,称之为"中央厨房"。根据国内餐饮企业的经营需求和特点,这类中央厨房具有很强的规划设计性,通常而言,不仅仅具备产品加工功能,而且具备"集中采购、规模生产、统一配送"等多种运营模式。

例如,呷哺呷哺开拓了休闲火锅细分市场,目前市场占有率保持第一。截至2016年年底,呷哺呷哺已经在中国11个省、2个自治区的58个城市,以及3个直辖市(北京、天津及上海)拥有639家直营餐厅。其冷链物流体系运作流程如图5-4所示。

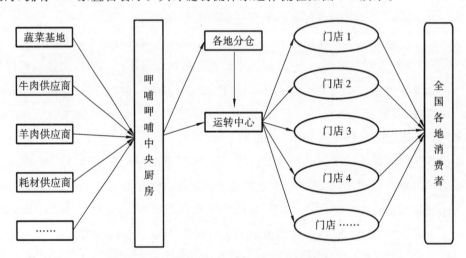

图 5-4 呷哺呷哺冷链物流运作流程示意图

为确保每日有充足的新鲜蔬菜供应,呷哺呷哺直接与多家农业合作社及签约农户合作,实现蔬菜基地供给,当日采摘当日配送,配送半径在100千米以内;鲜羊肉、鲜牛肉等则由长期合作的供应商供应。

在冷链物流配送体系上,呷哺呷哺设置了全国总仓(中央厨房)—区域分仓—运转中心三级网络架构。总仓可以将货品配送到区域分仓,也可以直接配送到运转中心(而并非由区域分仓层层转发);运转中心则直接服务于门店,负责收集门店的订单,并且将订单进行分解,根据自己的库存满足门店需求。

供应商按照订货及物流计划,将货品保质、保量、准时送到全国总仓(中央厨房);中央厨房内部进行收货、验货、搬运作业,随后区分直接分拣配送、待加工、入库存储和不合格需清退的货物,并分别送往不同功能区进行存储、加工、退货等作业;收到订单后进行分拣、拣选、配货、检验、发货,交给第三方物流公司配送到区域分仓或转运中心,再送到门店。原料供应、加工、存储、配送等作业环节都处于规定的温层,以保证商品质量。

3. 小型连锁餐饮企业

我国还有很多规模较小的连锁餐饮企业,相对来说门店数量较少、运营资金有限,难以自建全程控制的冷链物流体系,因此多选择由供应商直接将原材料配送到门店,部分商品则借助社会纯加工型中央厨房代工,少量核心产品以租用的自有"小央厨"的形式来实现半成品的供应。其物流运作流程如图5-5所示。

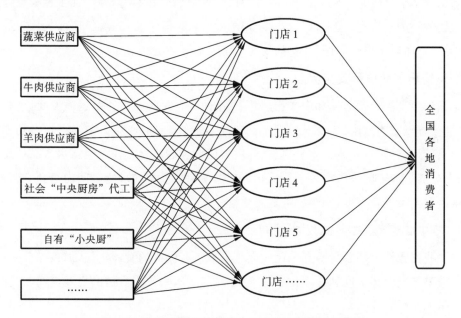

图5-5 我国小型连锁餐饮企业物流运作流程示意图

该模式下,各门店向供应商下订单,各路供应商分别将货品送到门店,半成品也由代工的中央厨房或自有"小央厨"负责配送至门店,由门店进行验货。更有大量餐饮企业并不选择中央厨房代工,而是各个门店厨师自行加工制作。

由此可见,我国多数小规模连锁餐饮企业的冷链物流体系并不健全,没有实现门店全品类的统一采购、集中加工、共同配送,对食材品质的掌控能力较弱,各门店的菜品标准化也难以保证,物流成本相对偏高。

(二)我国餐饮冷链物流质量安全问题

我国餐饮冷链相关物流技术与管理水平比较落后,整体上企业的质量安全意识不强,规范化、标准化水平不高,不能有效保证冷链食品从原料采购、加工、运输到销售全过程的温度控制及实时监测。因冷链物流过程操作不当而发生的食品安全事故主要是温度不当、断链及卫生条件不符合规定等引起的食品污染、变质或食物中毒。

1. 采购环节的质量安全问题

采购环节需要采买加工环节所需的原材料,如蔬菜、禽肉、瓜果等生鲜农产品或水产品。由于生鲜农产品和水产品都属于冷链产品,存在易腐的特点,因此要保证采购环节在恒温状态下进行。但我国现有的很多餐饮企业规模有限,不具备先进的恒温设施,没有分温层的设备,难以满足不同农产品的温度需求,生鲜农产品的腐损率还较高。

2. 加工环节的质量安全问题

加工环节包括对采买到的原材料的清洗、切块、烹饪、包装等,整个加工过程都需要在干净卫生的环境下进行。但有些生产餐厅的卫生不符合标准,无法保证加工过程的干净卫生,导致食品质量出现问题,严重的还会危害人的身体健康。

3. 运输环节的质量安全问题

运输环节分为外卖运输和中央厨房产品运输两个方面。在外卖运输方面,主要靠美团、百度等第三方物流来进行配送,配送设备为"电动车+配送箱",不具备控温功能。若配送距离较远、时间较长或天气较热,则难以保证食品的质量。在中央厨房产品的运输方面,由中央厨房加工的食品需要进行预冷、包装,使用冷藏车在规定时间内送到直营店,如果冷藏运输车不符合标准,则会影响食品质量。

(三)中国餐饮供应链发展情况

虽然我国餐饮市场总量看起来比较大且未来还有较好的发展空间,但是如前文所述,餐饮行业整体产业集中度和连锁化率并不高,这与我国餐饮供应链的发展模式、管理水平滞后有很大关系。

我国餐饮供应链本身就非常复杂,环节多且各环节均承担了相应的职能,比较碎片化且难以整合。供应链一般包括产地、经纪人、产地一批、销地一批、销地二批、终端渠道6个节点,每个节点有2%~30%的加价率,如图5-6所示。

相对于发达市场,我国冷链行业仍处于起步阶段和发展初期。美国在19世纪上叶就已经发明了冷冻机,在20世纪30年代已经初步建成食品冷链体系。随着20世纪50—70年代高速公路的建设,美国冷链物流体系迅速发展,目前已经形成了采购、生产、加工、储

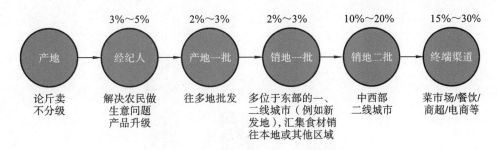

图 5-6 我国餐饮供应链各环节加价率

藏、运输、配送一体化的冷链体系。

与成熟市场相比,我国的冷链物流行业起步较晚,正处在成长期,从冷链物流设施设备、冷藏物流技术和管理水平、冷链物流的整体规划等方面来看,与欧美等发达国家相比均有一定差距。

从冷链物流渗透率来看,相比美国和日本市场,中国的冷链渗透率还有很大的提升空间(见表 5-1)。目前国内各类冷链食材品类中,冷冻食品、水产品的冷链渗透率最高,均超过 60%,而发达国家已达到 80%~100%。

表 5-1 中国和日美冷链渗透率对比

品类	肉类	水果	水产品	蔬菜	乳制品	冷冻食品
中国冷链渗透率	39%	20%	60%	7%	35%	66%
日美冷链渗透率	80%~100%	80%~100%	80%~100%	80%~100%	80%~100%	80%~100%

相对于发达市场,我国冷链物流渗透率低的原因包括:

1. 供给侧冷链物流基础设施依然薄弱

国内的冷链物流概念刚刚兴起,在此之前的"冷链物流"主要是冻库和棉被车,而非现代标准的三温、四温冷库,现有设施无法满足市场需求。

我国每千人冷库保有量仅有 143 立方米,而在美国、日本,该指标分别达到 440 立方米和 277 立方米。如图 5-7 所示,相较欧美农产品平均腐损率 5%,我国各类食材腐损率均在 10% 以上,果蔬腐损率达 30%,侧面反映出当下冷链物流的基础设施比较薄弱。

2. 需求侧下游对冷链食材的需求与发达市场相比较低

如图 5-8 所示,国内餐饮渠道连锁化率不到 20%,市场依然以独立中小餐饮门店为主,与日本、美国相比有较大差距;中小餐饮业主对食材的要求相对较低,且出于成本的考

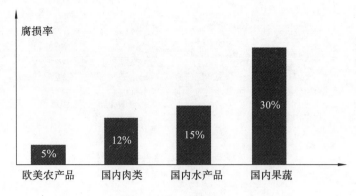

图 5-7 农产品腐损率对比

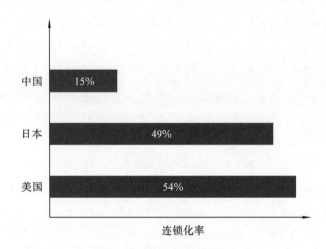

图 5-8 餐饮渠道连锁化率

虑不使用冷链物流运输。部分传统消费习惯也导致了国内冷链食材消费较发达国家依然有较大差距。从国内食材的零售渠道看,菜市场仍然占近50%的份额(见图5-9)。菜市场的小商贩出于成本的考虑也会较少使用冷链运输。

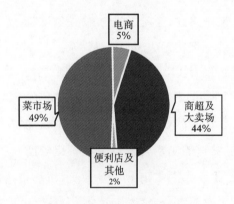

图 5-9 国内食材的零售渠道

如图 5-10 所示,目前我国农产品冷链运输率不到 20%,而欧美发达国家达到 80%~90%。从图 5-11 所示的国内外人均冷库占有率来看,我国已有的冷藏容量不足,大量的肉类、水产品、奶制品和豆制品未满足冷链需求。冷链物流建设的落后一定程度上制约了食材供应链的发展。

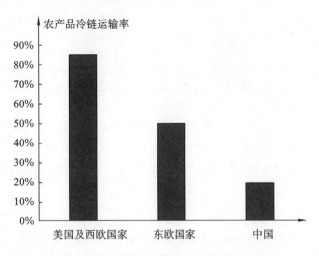

图 5-10 国内外农产品冷链运输率对比

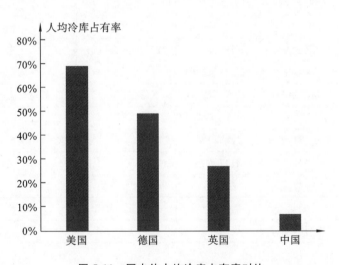

图 5-11 国内外人均冷库占有率对比

近年来,随着中国餐饮行业的不断发展及连锁化率的不断提升,中国冷链物流行业也不断发展,如图 5-12 所示,2019 年市场规模达 3780 亿元,过去 5 年复合增速达 20.3%,呈现高速增长的趋势,有效推动了我国餐饮供应链的整体发展。

从投融资市场看,资金方也开始认识到冷链行业的重要性,不断在行业中进行投入,这也成为推动行业继续良性发展的重要支撑。根据运联智库的资料,2020 年中国物流产

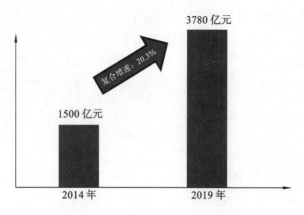

图 5-12 中国冷链物流市场规模

业整体融资案例有 100 个,融资总额为 457 亿元,其中生鲜冷链领域的融资案例有 11 个（见表 5-2）,金额占比达到 15.7%。

表 5-2 中国物流产业整体融资案例（2020 年生鲜冷链领域）

时间	企业名称	轮次	金额	投资方
2020/12/14	瑞云冷链	天使+轮	未披露	磐霖资本跟投,招商局
2020/11/20	蓝海宏业	被收购	未披露	创投跟投
2020/11/10	小马大众	战略投资	数千万元人民币	嘉里物流
2020/7/14	万泽冷链	新三板定增	3349 万元人民币	韵达股份领投
2020/5/11	雪链物联网	A+轮	未披露	莱芜财金控股有限公司
2020/4/30	小马大众	A+轮	未披露	隐山资本
2020/4/29	九曳供应链	战略投资	未披露	住友商事亚洲资本
2020/4/2	中央冷藏	股权转让	2047 万元人民币	远洋资本
2020/4/2	中央冷藏	被收购	1.37 亿元人民币	獐子岛
2020/3/1	蜀易信	种子轮	20 万元人民币	福友资本
2020/1/2	壹号食品	战略投资	数亿元人民币	美团

当前,多因素推动冷链行业的整合发展。在需求端,近几年我国餐饮连锁化率逐步提升,连锁餐饮对冷链食材的需求主要体现在三个方面:连锁餐饮需要冷链运输来整体提升食材的品质;由于连锁餐饮一般跨地域经营,且整体采购规模较大,企业可以通过采用冷链食材来降低运输中的腐损率,进而降低成本（所节省的食材损耗成本超过冷链物流成本）;连锁餐饮出于品控和降低店面运营成本等原因,更多地采用预制菜,增加了对冷链的需求。根据实地调研,部分头部中餐快餐公司,其预制食品的占比能够接近 100%。

在渠道端,菜市场的份额逐年下降,由商超和新零售渠道（见图 5-13）替代。后者对冷链食材的需求量更大,主要是由于:通过冷链来整体提升食材的品质和可展示性;通过大规模采购冷链食材降低腐损率,进而降低整体成本;产地仓、农超直配等新模式发展迅速,这些新的销售模式对冷链依赖度高。

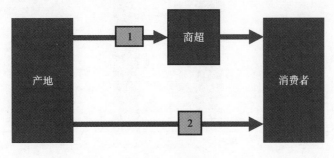

图 5-13　销售模式

农超直配模式中,农户跳过农业合作社、中间批发商等,直接和下游商超签订协议,直接供应农产品。该模式将生产方和市场直接连接,形成产销一体化链条,实现农户、商家、消费者共赢。而农超直配模式对冷链管理控制和产品标准化管理有极其严苛的要求。

新零售的出现极大地缩短了产地与消费者之间的供应链条,产地直发模式应运而生。该模式凭借着强大的时效保障和优质的食品鲜度迅速抓住了消费者的心,整体链条溯源能力极强,较普通快递在生鲜品控上更有优势。而产地直发模式优势的保证极为依赖冷链物流的能力。

(四)预制菜和中央厨房也是提升餐饮效率的重要供应链环节

中国餐饮行业面临逐步增长的成本、费用挑战,这也倒逼了供应链的发展和革新。从农产品批发价格指数、CPI、房租价格指数、劳动人口供给四个维度看,中国餐饮行业的成本和费用一直在不断提升。

随着原材料、租金、人工等成本逐渐上涨(见图 5-14 和图 5-15),餐饮企业的利润越来越低,因此餐饮企业去厨师、去厨房化的意愿在不断增加。

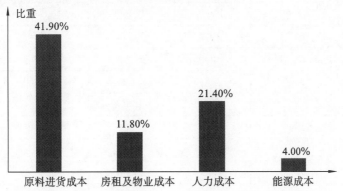

图 5-14　2019 年餐饮行业各项成本占营业收入的比重

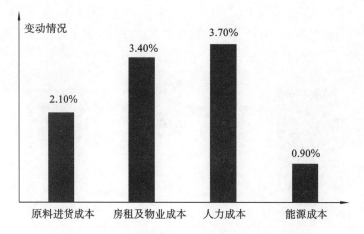

图 5-15 2019 年餐饮行业各项成本同步变动情况

从海外连锁餐饮龙头麦当劳、肯德基等餐饮企业的经验看,连锁化扩张主要依靠中央厨房和预制食品的布局来降低食材原料配送成本、人力成本和租金成本。

基于上文的分析,出于节约成本的考量,预制菜和中央厨房行业将不断发展。预制菜可以有效减少 B 端餐饮店的人工成本和后厨面积,外卖订单的增加可以提升门店的坪效,同时促进供应链的发展。

根据中金公司研究部的测算,一家 20 平方米主要经营外卖、日均 80 单、实际客单价 35 元的餐饮门店,在采用预制菜后,食材成本从 30% 提升到了 36%,人工成本、租赁成本和营运费用的下降可以覆盖食材成本的提升,门店利润率从 3% 提升到了 4%,变化明细见表 5-3。

表 5-3 外卖餐饮点采用预制菜前后利润的变化情况

项目	采用预制菜前		采用预制菜后		变动百分点数
	金额/元	占比	金额/元	占比	
营业额	120000	100%	120000	100%	—
满减后实收额	84000	70%	84000	70%	—
食材成本	36000	30%	43200	36%	6
平台扣点	24000	20%	24000	20%	—
销售毛利额	24000	20%	16800	14%	−6
人工工资	10000	8%	5000	4%	−4
租赁费用	6000	5%	4500	4%	−1
营运费用	4800	4%	3600	3%	−1
费用小计	20800	17%	13100	11%	−6

续表

项目	采用预制菜前		采用预制菜后		变动百分点数
	金额/元	占比	金额/元	占比	
门店利润	3200	3%	3700	4%	1
相关信息	门店面积:20 m²；租金:10元/m²/日		门店面积:15 m²；租金:10元/m²/日		—

测算发现采用预制菜可以帮助餐饮店提升利润率水平。对于规模更大的连锁餐饮企业，预制菜可以更显著地降低成本和提升利润。

根据中国饭店协会的调研，目前国内超过74%的连锁品牌有自建中央厨房。前瞻研究院的数据显示，中央厨房具有独立场所集中进行食品成品或半成品制作并完成配送，保障菜品新鲜并降低采购配送成本，可以减少约70%从业人员、节约30%配送成本。

（五）餐饮供应链各环节已经涌现市场参与者

与美国相比，我国暂时未出现像西斯科一样市占率达到16%（2020财年）、年营收超600亿美元的龙头企业，全年营收超过100亿元的企业也很少。

相较于美国成熟的供应商，国内餐饮供应链公司体量偏小、处于发展早期，不管是从产品SKU（库存量单位）数量还是配送中心数量来看，中国龙头企业与美国龙头企业差距都较大。

在餐饮供应链各细分赛道中，优质的参与者已经出现。拥有中央厨房和产品研发能力的蜀海供应链已逐渐成为该细分行业龙头；在B2B互联网电商平台中，美菜网、快驴等拥有独立仓储物流和配送体系的企业已是领先起跑者；在垂直餐饮供应链平台中，如望家欢、功夫鲜食汇、锅圈食汇、安井、三全、千味央厨等公司都是细分行业的头部公司。

举例来看，蜀海成立于2011年6月，是集研发、采购、生产、餐厨、运输、销售为一体的餐饮供应链服务企业。蜀海向上游供应商集中采购并通过自有的中央厨房对部分食材进行分拣、初加工和部分深加工，再制作成半成品。

如前文所述，半成品可以有效降低餐饮企业人力和房租成本，提高后厨作业效率并提升利润率。蜀海最早为海底捞供应食材，随着企业逐步发展而逐渐向其他餐饮企业提供服务。

蜀海提供丰富的商品品类，除了米面粮油、调味干货等多个品类，还有专门的团队负责采购食材并进行严格的质检。蜀海已在全国自建了7大物流中心，拥有超强的物流配送体系。

目前蜀海的餐饮客户还包括九毛九、新白鹿、四有青年餐厅、韩时烤肉、丰茂烤串等餐饮企业（见图5-16），甚至对部分企业提供定制化服务，量身打造特色菜品。蜀海已经帮助众多餐饮品牌实现了供应链的综合服务和效率提升。

图 5-16　蜀海供应链餐饮客户

（六）中国餐饮数字化变革正在发生

中国餐饮的数字化变革正在发生，使得餐饮企业的组织建设与经营效率日渐提高。中国餐饮的数字化为门店的标准化管理带来了新的工具。

在供应链管理、预约消费、门店收银、会员运营、连锁能力/培训服务等方面，已经逐步发展起来的成熟企业，可帮助门店的管理从人工向数字化转型。当门店的数字化程度足够高后，门店对人工的依赖将有效减少，其熟练运用上述工具后，连锁的难度也会相应下降，在连锁组织的搭建上可以减轻创始团队的压力。

有一点需要特别说明的是，历史上餐饮企业较难上市的核心原因是供应链采购及门店收银大多采用现金收款，较难进行合规梳理，而电子支付等手段的大比例应用也解决了这一难题，使得餐饮企业的合规性实现了质的提升。

5.2　湖北省餐饮冷链物流发展建议

酒店餐饮冷链物流泛指在严格合理的环境下进行生产加工、装车运输、存储贮藏、销售等环节，其核心要求是保证产品最原始的质量，属于系列性的系统工程。酒店餐饮冷链物流的发展，是基于制冷技术发展到一定程度再整合信息技术等周边领域技术而建立完成的，其基础科学为冷冻工艺学，即借助制冷技术来实现全过程温控。酒店餐饮冷链物流有广义和狭义之分，广义酒店餐饮冷链物流囊括了供应冷链物流、生产冷链物流和销售冷链物流这三个单元，这是一个全过程的技术要求环节，即在原料供应、产销整个链条中都需要对货物进行质量控制；而狭义上的酒店餐饮冷链物流指的是销售冷链物流，即物品在严格的环境下进行加工、运输、仓储、装卸的过程。当前所研究的酒店餐饮冷链物流属于狭义上的餐饮冷链物流。

5.2.1 酒店餐饮冷链物流系统的特点

酒店餐饮冷链物流系统作为整个冷链物流系统中的特殊单元,其特殊性主要体现在严格的环境要求、复杂的系统构建和巨大的投资力度。酒店餐饮冷链物流对环境的要求较为苛刻,无论是冷藏物流还是冷冻物流,都要求温度为恒温,其中冷藏物流的恒温要求为 0~5 ℃,冷冻物流的恒温要求是 −15 ℃以下。可见,酒店餐饮冷链物流对环境控制的技术性要求较高。构建酒店餐饮冷链物流系统的要求同样较高,特别是冷链物流设施、运输条件、仓储条件、包装工程以及装卸系统和销售环节都必须在正常的冷链物流体系构建的基础上更加严格地控制温度,每一个环节都必须要符合酒店餐饮冷链物流的温控要求,这无疑增加了系统构建的复杂程度。正因为在每一个环节当中都要实现对温控的掌握,所以相比于一般冷链物流体系的构建,在温度控制这一环节上的技术要求和设备要求都是必需的,构建酒店餐饮冷链物流系统的投资基本上是一般冷链物流体系的 5~10 倍甚至更高。在巨大的投资背景下,酒店餐饮冷链物流必须要面对成本回收缓慢的现实。酒店餐饮冷链物流的成本回收期主要在夏季,在温度较低的季节,冷链运输车基本上与普通运输车无差别,这造成了酒店餐饮冷链物流系统构建的投资回报周期更长的现状。

近几年,伴随着需求量的激增,酒店餐饮冷链物流的发展呈现出供不应求的态势,特别是以顺丰冷运为代表的多家冷运公司加入酒店餐饮冷链物流行业中,在品牌效应的带动下,业务需求的增长更显突出。面对高增长的酒店餐饮冷链物流业务需求,整个行业的供应能力尤为疲软,特别是酒店餐饮类型的冷链物流,因为附加值较低,更多的冷链物流涌向了附加值较高的医药产业。因为硬件条件与软件条件均不具备,对于酒店餐饮冷链物流系统,尚且缺乏科学的发展规划和管理。

5.2.2 酒店餐饮冷链物流系统存在的问题

1. 酒店餐饮冷链物流体系不完整

完整的酒店餐饮冷链物流体系囊括了原料采购、原料储藏、冷冻加工、冷藏冷冻物流运输、冷冻冷藏产品销售等多个环节,直至到达消费者手中才作为终端结束。目前的情况是,酒店餐饮业的冷链物流主要体现在冷冻冷藏的运输环节中,向前以及向后的冷链物流环节基本上被忽略。

2. 酒店餐饮冷链物流运作效率低下

在酒店餐饮冷链物流运作的过程中,先进冷链物流技术和自动化设备是必需的,相比于发达国家的酒店餐饮冷链物流,国内酒店餐饮冷链物流运作效率较低。主要表现在人依然处于冷链物流运作中的主导地位,相比于机械操控,人的效率极低。伴随着日益增长的冷链需求,酒店餐饮冷链物流网的扩展是必然的,高智能的酒店餐饮冷链物流中心的建设不可或缺。当前酒店餐饮冷链物流的设备运转效率也不高,体现在货物的周转率、设备的空载率、仓储面积的利用率等方面。酒店餐饮冷链物流运作效率低下表现最为明显的方面在于质量保证率不高,在订单完成率、交货的准确率、货损货差的赔偿、误差处理的及时性等方面已经被终端消费者广为诟病。

3. 酒店餐饮冷链物流设施陈旧待换

当前国内的酒店餐饮冷链物流设施较为陈旧,且数量上不足以为整个市场提供强有力的支撑,在分布上也不平衡。冷链物流中的冷链设施基本上分布在重要的果蔬生产基地、一、二线城市市郊以及为满足政府冻肉储备需求的一线城市的冷库。现有酒店餐饮业的冷链物流设施设备在数量上难以满足现代冷链物流的需求,即使在这种情况下,随着冷链物流技术装备的进步发展,原有的设备已经处于被淘汰的尴尬境地,这些设备远远没有达到使用年限的要求,但已经不适合现代酒店餐饮冷链物流的发展了。特别是随着生活水平的提升,人们要求从地头到餐桌的中间环节完全保证食品是新鲜无污染的,而目前的酒店餐饮冷链物流设施设备无法达到要求。

4. 酒店餐饮冷链物流信息化程度低

现代化的冷链物流发展离不开信息化技术发展的支撑,但是由于我国的信息化基建水平本来就不高,且建设成本和使用成本居高不下,酒店餐饮冷链物流的信息化水平也难言发展。信息化程度低主要表现在:在整个酒店餐饮冷链物流体系当中,自上而下的环节并没有构建形成一个完整的信息系统,经常会发生信息不对等的情况。这就造成了在整个流通的环节中缺乏透明度,从而引发因冷链物流成本增加而造成的浪费,而且各个环节中的信息对接不顺畅,如供货商、经销商和批发商三者之间的信息零误差对接难以实现,整个系统中的成员信息共享不能及时实现。

5.2.3 构建酒店餐饮冷链物流体系的策略

根据酒店餐饮冷链物流的特点,可以将酒店餐饮冷链物流体系划分为外部冷链物流体系和内部冷链物流体系两个单元。在酒店餐饮冷链物流体系的构建过程中,内外两个子体系应该放在同等重要的位置上。

1. 外部冷链物流体系的构建

外部冷链物流体系的构建要充分考虑外部环境,作为整个冷链物流体系建设的基础单元,外部冷链物流体系是前提。同时,外部冷链物流体系的各个环节相对分散,规划与管理的一致性难以达到,所以在外部冷链物流体系的构建上应该注意以下几个问题。

(1)集中采购。

集中采购模式是在传统采购模式的基础上创新和挖掘开发的新采购模式,集中采购模式通过整合供应链上的商户信息和改进采购的流程来降低采购成本。

通过将集中采购模式导入酒店餐饮采购系统当中,酒店可以在全国乃至全球范围内寻找货物供应商,并且建立起稳定的长期合作关系,这是基于供应链系统的整合。特别是酒店所在城市不具备的食材、作料等必需品,完全可以通过这个模式来集中采购,不仅可以在备货上节省大量时间从而保证货物的新鲜程度,而且可以将采购的成本降低,同时可以对采购的全过程进行管控,使采购过程标准化、绿色化。

(2)一体化运输配送。

一体化运输配送是充分将酒店餐饮冷链物流体系中所有的物力、信息和管理要素集中在一起,为了降低运输成本和提高运输效率,整合整个系统中上游、中游、下游的关系,运用一体化冷链物流配送,使运送的货物处于最佳的保存状态。这就要求酒店采购的原料从一地转移到另一地的过程不能暴露在外部环境中,也不应该在这个环节中发生温度变化,要求点到点的温度控制,这对包装的技术性要求较高。集约运输中所面对的上游产业和下游酒店消费者,都可以看作酒店的顾客,酒店可以借助顾客管理理论与方法对两者进行管理和服务,增加与顾客的交流沟通,了解对方的要求和需求,提高冷链物流配送的反应能力。

(3)强化基础设施。

相比于普通物流的仓储,酒店餐饮冷链物流的仓储系统要更加复杂,其必须保证储藏的物品能够长时间在恒低温的环境当中保持原始状态。在储藏运输的过程中必须保证货物运输能够达到标准的3Q条件。3Q条件就是要求设备的数量(Quantity)充足、设备的质量(Quality)标准一致以及迅速(Quick)的作业组织。充分利用酒店餐饮冷链物流中设备的质量和数量,保证货物在提高各种设备的利用率的情况下实现冷藏、冷冻的目标。另外,在整个酒店餐饮冷链物流体系中设置足够的预冷站、不同规模大小的冷库、不同类型的运输工具,以备不时之需。在快速的作业组织下,实现酒店的货源组织、冷链物流部门的冷藏车辆准备、运输途中的补充服务以及换装作业的无缝衔接。

2. 内部冷链物流体系的构建

内部冷链物流体系属于酒店餐饮冷链物流体系中的另一个重要单元,内部冷链物流体系对接的是酒店的消费者,直接面对客户,其最终作用在消费者身上,消费者对于内部冷链物流体系的评价即是对整个酒店餐饮冷链物流体系的评价。内部冷链物流体系的构建,需要注意以下几方面。

(1)构建合理化的作业环节。

相比于其他冷链物流体系的特点,内部冷链物流体系的特点更显突出,必须保证系统运行的环境温度为恒低温。酒店餐饮内部冷链物流体系构建的成功与否依赖于作业环节的设置是否合理。内部冷链物流体系的作业环节主要包括:原态物的加工、温度的设置、终端销售、消费者的个体化贮藏。作业环节的完成要严格遵循3C、3P原则。3C原则为小心(Care)、净洁(Clean)、冷却(Chilling),在合理化的要求下,产品在酒店餐饮冷链物流内部系统流转的过程中要尽快冷却或者冷冻,务必要小心谨慎,保证绿色环保,杜绝污染。3P原则指的是原材料(Product)、作业工艺(Processing)、包装(Package),这要求在合理化的作业环节构建过程中充分考虑到原材料必须绿色新鲜,加工工艺必须科学合理,酒店生产的产品必须要有符合健康卫生标准的包装。

(2)构建精细化的作业流程。

酒店餐饮作业流程的精细化程度直接决定着消费者对产品的评价态度。特别是在加工环节的手动劳动这一微小环节中,也要有严格的标准把关,从店员到店长都必须严格要求,同时要求建立起包括温控设备监控、产品验收等流程在内的精细化 SOP(标准操作程序)系统。

(3)构建标准化的作业动作。

在内部冷链物流体系构建过程中,每一个动作都应该以时间、温度和耐储性为准绳,在这个三维坐标体系当中,每一个动作都应该被严格标准化。在标准动作的构建过程中,3M 原则作为最基本的原则应该被强化到行为准则当中。3M 即标准化管理(Management)、标准化方法(Method)和标准化工具(Mean)。

5.3 2020 年湖北省抗击新冠肺炎疫情餐饮冷链物流热点与企业案例

5.3.1 武汉餐饮业协会

在新冠肺炎疫情暴发之初,武汉餐饮业协会精准把握行业动态,有效引导全市餐饮行业妥善应对,校准团餐行业在抗疫斗争中的坐标,勇于承担社会责任,通过为医疗机构集中供应餐食,为抗击新冠疫情提供了重要的后勤支持。同时总结在抗疫保障工作中的宝贵经验,为行业复工复产规范行为,梳理思路,提出方向。

1. 积极组织行业应对疫情

当新冠肺炎疫情来袭时,武汉餐饮业协会审时度势,准确把握疫情下团餐行业动态,及时调整行业定位,主动出击,迎难而上,带领全市 100 多家社会餐饮和团餐企业积极投身于抗疫一线餐食供应。

疫情期间,协会迅速组织可生产的社会餐饮和团餐企业以及各方人力、物力,建起了一支"保供小分队",为火神山医院、雷神山医院、金银潭医院、同济医院、协和医院、武昌医院、其他在汉方舱医院等提供后勤保障,日均供餐30多万份,供餐总计近1500万份,彰显了行业的社会责任感和使命担当,完成了近五万名医护人员的后勤保障工作。

协会动用一切可以动用的力量,想方设法地寻找、联系一切所需物资,口罩、消毒用品、蔬菜瓜果、米面粮油、餐盒等,第一时间送到企业手中。在协会的努力和精心组织下,会员企业保质保量完成后勤保障工作,奋战在一线的员工避免了被感染的风险,顺利地完成了任务,从而有力地保障了抗疫阻击战取得阶段性胜利。在战"疫"斗争中,武汉餐饮人连续奋战60多天,克服各种困难,想方设法确保菜品营养、健康、多样,竭尽所能让医护人员吃好以全力投入救治,竭力保证让病患吃好以早日康复回家。

2. 加快行业疫后重振

后疫情时期,协会积极作为,主动帮助行业复工复产,运用政策红利减税负,通过开展创新活动增人气,打通餐饮产业链促升级,同时在倡导企业顺应绿色低碳消费需求、转变经营观念、创新经营模式,加快餐饮行业疫后重振方面做了大量工作,具体如下:

(1)倡导推行分餐制,推广使用公筷公勺。

为深入贯彻落实习近平总书记关于新冠肺炎疫情防控工作系列重要讲话精神,教育引导群众养成良好卫生习惯和生活方式,提高市民文明素质和城市文明程度,切实维护人民群众身体健康和公共卫生安全,2020年6月4日,协会联合市爱卫办、市文明办、市教育局、市文化和旅游局、市市场监督管理局、市妇联在武汉会议中心共同召开"倡导分餐制启动仪式",会上号召广大餐饮企业提供公筷公勺服务,推广分餐制,创建卫生文明餐厅,使公筷公勺成为餐饮行业发展新方向。

(2)号召食堂档口及美食城推出小份饭菜。

为了提振餐饮消费,在武汉市商务局指导下,协会联合武汉华工后勤、华鼎团膳、锦康餐饮、迈森豪餐饮、京膳坊餐饮管理等大型团餐企业,响应党中央厉行节约、反对餐饮浪费的号召,满足消费者个性化需求,鼓励有条件的企业推出小份饭菜,及时满足消费者需求,继续做好常态化疫情防控,保护来之不易的抗疫成果。

(3)推行$N-1$点餐模式。

中共中央总书记、国家主席、中央军委主席习近平对制止餐饮浪费行为作出重要批示,协会坚决响应总书记的号召,为巩固2013年以来武汉光盘行动的成果,切实培养节约习惯,在全社会营造浪费可耻、节约光荣的社会氛围,武汉餐饮业协会向武汉所有的餐厅发出如下倡议:推行$N-1$点餐模式,即10位进餐客人只点9个人的菜,不够再增加菜品,确保顾客吃好的同时,从源头杜绝餐饮浪费。所有餐厅为顾客服务,必须以节约的原则作为前提,每家餐厅要准备打包盒,对有剩菜、剩饭的顾客提供打包服务,体现餐饮行业的光盘行动。

5.3.2 中车长江车辆有限公司

2020年2月28日,70辆白色隔热保温车如"白衣天使"般驶出中国中车长江公司厂区,交付国家铁路集团中铁特货公司,承担运输战"疫"物资任务,这也是该公司创新研发的系列冷链物流装备中的又一员"大将"奔赴战"疫"一线。

中车长江公司为国铁集团中铁特货公司量身定制的40英尺(1英尺=0.3048米)隔热保温箱满载着内蒙古人民援助的497吨牛奶,分批运抵湖北。此次大批量牛奶运输任务的圆满完成,充分展现了公司隔热保温箱高效隔热、智能监测、运储两用以及公铁多式联运的功能特点,助力国铁集团中铁特货公司缓解了疫情期间特种物资运力紧张的局面。

身处此次疫情中心的中车长江公司,在千方百计抓好企业疫情防控的同时,也一直希望能为打赢战"疫"贡献一份绵薄之力。2020年2月中旬,中车长江公司在接到国铁集团中铁特货公司急需一批冷链物流装备实施果蔬、肉禽等抗疫保供物资运输任务的需求后,迅速响应,科学统筹,周密部署。公司迅速组织骨干员工在做好个人防护的前提下,对公司铁路隔热保温车、隔热保温箱、冷链货物运输发电箱等冷链装备进行了系统整备,确保相关装备能迅速投入抗疫保供的运输前线。

中车长江公司为国铁集团先后提供了各类冷链物流装备数百台,它们在疫情期间昼夜不息奔驰在全国抗疫保供的各条铁路线上。截至2020年2月底,公司创新研制的各型冷链物流装备,已累计完成了2500余吨各省市援助湖北的果蔬、肉禽等冷鲜食品运输。

而由公司创新研制、国内领先的铁路冷链货物运输发电箱也凭借着无人值守、全方位智能、远程监控等特点,与冷藏集装箱组成"1+8"冷链运输模式,持续为8个冷藏集装箱制冷系统提供电力供应,已先后多次运输冷冻肉禽等冷链货物到武汉市吴家山货运站,为抗击疫情提供了物资保障。

第 6 章
湖北省药品冷链物流发展

6.1 湖北省药品冷链物流发展概况

"十三五"期间,全省各地深入学习贯彻习近平新时代中国特色社会主义思想,以习近平总书记"四个最严"要求为根本遵循,坚决贯彻落实党中央、国务院决策部署和省委、省政府工作要求,坚持以人民为中心的发展思想,严格执行《湖北省食品药品安全"十三五"规划》,保安全守底线,促发展追高线,努力克服基层监管力量薄弱、新旧风险隐患交织叠加以及新冠肺炎疫情等不利因素给药品监管工作带来的冲击和影响,查漏洞、排风险,补短板、强弱项,药品监管体制改革稳步推进,监管体系不断完善,监管功能稳步增强,服务水平持续提升,药品安全形势稳中向好。

在安全监管方面,加强药品、医疗器械、化妆品(以下简称"两品一械")全流程、全生命周期质量安全监管,出台《湖北省药品(医疗器械、化妆品)安全事件应急预案》(鄂政办发〔2020〕14 号),建成国家药监局血液制品、中药、超声、药物制剂等 4 个重点实验室,省药品监督检验研究院(简称省药检院)被确定为新冠病毒灭活疫苗批签发机构,推进药物警戒体系建设,建立疫苗信息化追溯系统,药品医疗器械监管和网络监测平台投入使用。"十三五"期间,药品、医疗器械和化妆品抽检合格率达 99.1%,全省没有发生重大药品安全事件,全省药品安全公众满意度逐年提升,2020 年达到 86.56%。

在服务发展方面,出台《湖北省人民政府办公厅关于加快改革完善药品生产流通使用政策的实施意见》(鄂政办发〔2017〕57 号)、《省委办公厅、省政府办公厅关于深化审评审批制度改革鼓励药品医疗器械创新的实施意见》(鄂办文〔2018〕17号),制定《关于促进我省生物医药产业高质量发展的若干措施》(鄂药监发〔2019〕23号)和助推生物医药产业高质量发展"十五条"新政。深化"放管服"改革,连续5次依法取消16项、下放17大项62子项行政审批事项,办理时间平均缩短30%以上。"十三五"期间,我省有两个Ⅰ类新药上市,固体制剂10家企业35个品规、注射剂5家企业19个品规通过一致性评价,全省医药产业增加值年均增长10.6%,主营业务收入年均增长13.7%。

在疫情防控方面,迅速启动应急机制,全力做好新冠病毒检测试剂、医用防护服、医用口罩、治疗药物等应急审批和质量监管。积极争取国家药监局支持,推动武汉生物制品研究所有限责任公司新冠病毒疫苗获批附条件上市,为开展新冠病毒疫苗大规模接种提供了有力保障。

在体制改革方面,在全国率先组建14个省药品监管局派出机构,加强基层基础建设。出台《省委办公厅、省政府办公厅关于改革和完善疫苗管理体制的实施意见》(鄂办发〔2019〕13号),建立疫苗管理厅际联席会议制度,推进地方党委、政府切实履行疫苗药品安全的政治责任,构建部门联动监管机制,筑牢药品安全防线。

6.1.1 湖北省医药工业生产企业发展情况分析

2020年新冠疫情肆虐湖北,催生了医药相关的工业生产企业跨越式的发展,同时也带动了医药工业生产企业冷链物流的发展,中国医药集团武汉生物制品研究所和华大集团是此类企业中的典型代表。

1. 中国医药集团武汉生物制品研究所

中国医药集团武汉生物制品研究所是药品生产企业中的典型代表。武汉生物制品研究所是生物制品产、学、研、销一体的大型高新技术企业和全国主要生物制品生产基地之一,是首批获得博士、硕士学位授予权的研究机构。该单位承担了国家规划免疫疫苗的研制与生产任务,同时还致力于创新生物制品的生产与开发。在此次抗击新冠疫情的战役中,武汉生物制品研究所研制并生产的新冠疫苗在国药集团中国生物中部产业基地下线,年产量达1亿剂,带动了医药冷链存储与物流运输的产业发展。

2. 华大集团

华大集团旗下的华大基因、华大智造是医疗器械类生产企业中的典型代表。新冠肺炎感染的首要检查手段是核酸检测,核酸检测中广泛使用的检测试剂均需冷冻储存和运输。华大基因武汉生产基地是核酸检测试剂的重点生产单位,2020年,华大基因扩大了在湖北的生产规模以应对核酸检测试剂市场的紧迫需求,同时扩大了存储与运输的规模,冷链物流需求呈几何级数增长。

6.1.2 湖北省医药流通企业发展概况

随着药品经营"两票制"的制度落地,湖北省药品经营企业已完成企业间的整合,形成了以华润医药、国药控股、上海医药、南京医药等大型央企、国企为主的医药流通企业,与以九州通、人福医药为代表的民营医药流通企业并存的市场格局。此类医药流通企业均在湖北省建立了地/市级、县级分子公司和存储配送体系。与此同时,随着医药电商的试水,也涌现了一批以"小药药""益丰大药房"等为代表的医药2B电商平台与实体门店结合的销售网络,医药电商平台的仓储运输等同样纳入药监局监管体系。

1. 九州通医药集团物流有限公司

九州通集团是国内目前最大的民营医药流通企业,在全国医药商业企业中位居前列,拥有31家省级大型医药物流中心以及106家地级市地区配送中心,覆盖全国95%以上行政区域的销售网络。此外,九州通拥有丰富的上下游资源以及覆盖面极广的销售网络,所经营的品种品规多达44万余个。其中上游供货商1万多家,下游客户30万家,拥有国内近千种药品的代理资格。以市场分销为主的经营模式提供药品的配送和销售,形成行业内的"九州通模式"。不仅如此,九州通在全国范围内拥有零售药店和加盟店超过1000家,在国内医药流通企业中所覆盖的营销范围极广,在行业中有着不可撼动的地位。九州通加强对于医药零售网络的布局,打造"万店联盟"加盟模式,吸引单体药店及中小连锁企业的加盟,力争签约5000家加盟药店,以此实现3千米范围内咨询、购买和配送等服务。

九州通物流主要服务于集团商业客户,即上游生产企业和下游B端客户,采取自营物流服务模式,其上游生产企业主要是药品生产企业、器械生产企业和药械代理企业,下游B端客户主要是医药分销商、医院、连锁及单体药店、基层及民营医疗机构等。冷链外部三方业务模式的上游客户主要是外资生产企业、疫苗生产企业和药品经营企业等,例如科兴、金赛、长春卓谊、西门子、迈瑞,主要客户群体有医疗机构、疾控中心、医院、药店等。九州通物流围绕商业集团及141家分子公司仓运资源,为客户提供仓+配业务、全国干线网络运输、冷链验证、代运营、技术产品等全方位个性化服务。

九州通物流在医药冷链服务领域的主要具体业务是疫苗、IVD冷链及其他医疗器械业务,2021年,疫苗业务营收占比是81%,IVD冷链及其他医疗器械营收占比是12%。疫苗在2021年的市场规模达到760亿元(数据来源于中商产业研究院),2016—2020年的复合年均增长率为27.8%。目前中国疫苗行业将持续、稳健发展,预计在未来3~5年疫苗行业有望保持年均20%以上的稳健较快增长(预计未来新冠、宫颈癌、肺炎、流感等重磅疫苗将达到百亿销售额)。IVD领域在2021年的市场规模达到1000亿元(数据来源于医械研究院),过去4年的年均增速在10%左右,预计未来3~5年行业年均增速可达35%以上。

九州通物流充分发挥全国的仓储优势(141座仓库,建筑总面积为399万平方米,其中符合GSP标准的仓库面积为257万平方米,519个冷库,冷库面积为4.49万平方米,容积达10万立方米,冷藏车430多台)和技术优势(智能穿梭车系统、360°自动扫码设备、无线移动拣选车、螺旋垂直输送系统等),布局全国网络,根据业务的形态需要设立RDC仓、DC仓、前置仓,高效联动,形成双向流通、供需互促的现代物流网络体系,结合自有冷链干线网络+外协承运商运力,通过干线+支线车辆、航空、铁路等多联式运输模式将冷链药品高效安全地送到终端客户手中,拓展商流、物流、信息流和资金流一体化的供应链服务,从总体上降低综合物流成本。结合九州通物流战略规划,适配冷链行业发展需求,坚持冷链技术自主研发,技术与业务双轨齐驱,整合全供应链资源,构建冷链供应链服务生态体系。

2. 国药控股湖北物流中心

国药控股湖北物流中心是国家5A级物流中心,属于国药控股全国四大物流枢纽之一,位于武汉国家生物产业园内,总建筑面积达50000平方米,拥有华中地区最大的7000立方米冷库,可储存70多万件药品,日吞吐量4万件。采用全球先进的美国曼哈顿WMS(仓储管理系统)物流软件,实现自动存储、自动分拣、自动传输、自动补货,是华中地区重要的现代化医药物流中心之一,同时也是湖北省卫健委卫生应急物资储备单位。已建成由1个省级物流平台、20个地市级配送中心,若干配送站点组成的分级配送体系,总仓储面积16万平方米,冷库容积1.5万立方米,拥有各类配送车辆240余台(含冷藏车60台),通过统筹安排库存分布与配送资源,拓展多仓运营、第三方物流、冷链管理等现代物流运作模式,为上下游客户提供专业、高效、快捷的药品配送及物流增值服务。以"严谨、高效、满意、健康"为质量方针目标,严格执行GSP药品经营质量管理规范,先后三次通过ISO9001国际质量管理体系现场认证,湖北省首批通过新版GSP认证,取得第三方医药物流资质,是药品冷链物流运作规范国家标准试点企业,也是药品物流服务规范国家标准试点企业。

国药控股旗下的全资子公司国药物流的"赛飞云"平台,在医药冷链运输中可实现订单、库存等资源可视化;根据GSP要求,对货主、货品、客商的基本档案实现在线审核的资质管控,同时对货品/资质等进行时效把控和库存状态管控;2018年8月,国药物流开始采用区块链和结构功能帮助连锁药店管理药品供应链,并制定了疫苗冷链物流解决方案来解决在疫苗运输过程中因温度断链引发的药品失效等难题。除此之外,在仓库内,实现了货到人拣选系统的落地,并使用自动机器人实现拣货。

3. 华润医药湖北分公司

华润医药湖北分公司是华润直属的医药专业物流分公司,其主要承担华润医药集团商业物流配送服务,负责与华润的覆盖区域营销网络相匹配的配送体系建设和运营管理,同时提供医药行业的第三方物流服务。并以信息化支撑业务流程和管理,建有现代医药物流配送中心、药品流通行业的恒温恒湿冷库和仓储管理系统,实行集团化现代物流管理系统,为上下游客户提供优质、高效的物流配送和增值服务。其中,北京龙邦科技提供技术支撑,综合应用传感器技术、自动化测控技术等对医药区域环境的温湿度进行测量。

6.1.3 湖北省专业医药冷链物流企业发展概况

与医药流通企业不同,专业医药冷链物流企业是服务于医药工业企业和医药流通企业的、专门从事运输和第三方物流整合的专业化企业。京东、顺丰、民航快递等大型物流快递企业均成立了相应的医药事业板块,除满足于自身电商平台的医药2C业务外,还为未来从事医药第三方业务服务建立网络,奠定基础。

北京盛世华人供应链管理有限公司是唯一一家参与编制第一版《GSP药品经营质量管理规范》的物流企业,十六载励精图治,盛世华人供应链已发展成为具备完善的质量管理体系并拥有自主冷链研发体系的高新技术企业,是国内医药冷链物流的头部企业,是众多外资医药生产企业在中国的优质供应商。在2020年抗击新冠肺炎疫情的战役中,盛世华人供应链发动全国28个省市的分支机构积极投身于抗疫行动,凭借自有的300余台冷藏车运力和强大的空运、陆运、铁路运输等资源整合能力成为第一个将药品送进武汉的逆行者。

2017年在武汉设立的子公司已成为湖北省医药流通企业的主要承运商和服务商,凭借对药品经营质量管理规范的深刻认知和对省内医药流通企业业务模式的洞悉,向客户提供了覆盖冷链、常温药品运输,零担与整车运输,城市配送以及医药配送最后一百米的院内物流等全方位服务。

6.1.4 湖北省药品冷链物流发展优势及不足

1. 发展优势

地理位置优势和人口优势是湖北省医药流通企业发展的主要优势。湖北省位于中国中部地区,九省通衢,人口稠密,是衔接西部地区的咽喉要道。针对医药物流运输时效性提升的要求,众多医药生产企业未来将在中西部地区设立第三方仓储,因此也给湖北省医药流通企业第三方业务发展带来巨大机遇。

(1)医药流通企业拥有丰富的商业客户资源以及自营业务体量,综合性物流企业网点分布全面,全国配送体系及运作模式成熟,专业第三方冷链物流服务商在冷链硬件装备、冷链追溯系统软件板块较为突出。

(2)医药流通企业有完善的质量控制体系,完全匹配GSP法律法规的相关要求,拥有获得药品监管部门认证的 GSP 库房及设施设备。

(3)医药流通企业对药品知识了解更加全面、专业,对药品的特性及品规的认知是其他流通企业无法达到的,第三方冷链物流服务商在冷链温度控制及作业装备上有独特之处。

(4)市场集中度持续提升,从市场占有率看,药品批发企业集中度有所提高。企业总量变化平稳,随着医药卫生体制改革不断深化,药品流通行业加快转型升级步伐,集约化程度继续提高,显现出长期向好的态势。

2. 发展不足

(1)医药流通企业运作成本相对较高,对比综合性物流企业,网点的建设成本较高,设施设备投入较大,人员的配置及相关要求较高、较多。

(2)医药流通企业配送网络覆盖面小,目前很难达到像综合性物流企业一样配送网络覆盖至县、乡、镇等区域的程度。

(3)第三方医药冷链服务商在公司规模、网点分布、配送网络及冷链库房、冷藏车辆配备上能力稍低,目前大部分依托于铁路或其他综合性物流配送网络进行运转。

(4)全国性运输网络能力和区域性运输网络能力薄弱;具备改革和创新特点的人才团队建设缓慢;企业机制在运营中无法与时俱进等。

6.1.5　湖北省药品冷链物流需求概况

伴随着市场医药冷链物流需求日益凸显,制冷设备迎来巨大的发展机遇。在医药冷链物流需求量增加及制冷技术不断进步的背景下,制冷设备市场规模将持续增加,预计到2025年,我国制冷设备行业市场规模将超过3000亿元。制冷行业成本结构主要来自设计及研发费用(占比20%)、制造费用(占比50%)、销售费用(占比18%)、管理费用(占比12%)。制冷设备行业的平均利润率在15%左右,制冷及冷藏、冷冻相关冷库行业的平均利润率在50%左右。数据显示,中国医药冷链物流行业将保持飞速发展,未来3~5年医药冷链物流市场规模将达4700亿元。近年来中国医药冷链物流基础设施数量正在迅速增长,但相对于中国庞大的人口基数,冷库及冷藏车等资源的人均占有量仍旧偏低。

中物联冷链委数据显示,2021年中国医药冷链物流市场规模为3391亿元,较2020年增长505亿元。今后伴随我国经济水平和城镇化率的不断提升,以及一系列促进消费升级、扩大国内医药冷链物流市场的政策实施,预计未来几年我国冷链物流的市场规模还将进一步提升,医药冷链物流总量呈逐年递增趋势。

自从取消了从事第三方药品物流业务批准等7项中央指定地方实施的食品药品行政审批事项后,传统药品批发企业和医药物流企业不断加快物流资源投入和网络布局。顺丰、中邮、京东物流等第三方物流企业也通过收购药品经营企业、与传统医药企业合作建设医药云仓等形式,参与医药物流仓储、干线运输及落地配送业务的争夺,医药物流市场竞争日趋激烈。

6.2 湖北省药品冷链物流实施路径及政策建议

(1)年审:近年来,伴随着国家陆续发布利好政策,医药物流的发展及人们对医药产品需求的增加,我国医药冷链得以快速发展,根据目前九州通物流的冷链实际情况,冷藏车装载风机、库板后车辆载重偏高,实际拉运货物少,给后期车辆年审造成困扰,建议交通部门给出一个医药冷藏车特殊使用标准或者在常温车的标准上设一个上浮区间,一方面能满足运输要求,同时可面对年审工作。

(2)市内分段通行:目前全国的冷藏车面临市内限行的现象,建议交通部门为药品冷藏车设置一个特殊标识,安排部分绿色通道(时间段),保障药品冷藏车通行。

(3)冷链管理标准条款:目前各方行业监管部门对冷链管理的相关条例和条款的解读不一致,期望行业监管部门能对冷链管理的相关条例进行规范化、明确化、全面化、统一化,加强冷链相关设备技术标准的制定,以便于更好地规避冷链风险,提升冷链运营能力。

(4)技术板块:继续完善移动通信网络的覆盖。

(5)包装尺寸:控制生产企业对药品的包装尺寸,尽量做到同类产品统一包装。

(6)完善冷链保温箱及蓄冷剂的回收机制。

(7)加大冷链相关专业技术人才的培养力度。

(8)从加快数字化发展步伐、提高智能化发展水平和提升技术装备创新水平等方面入手,推动创新工作。

6.3 2020年湖北省抗击新冠肺炎疫情药品冷链物流热点与企业案例

6.3.1 九州通医药集团物流有限公司

作为民营医药流通企业的九州通,在医药冷链领域布局已超过20年,形成了一套高效标准化的运营体系,并在技术研发与系统运管提升上积累了丰厚经验。

面对当前疫情反复,疫苗对疫情防控的重要性进一步凸显。而疫苗的运输配送需冷链物流支持,因此《"十四五"冷链物流发展规划》提出要完善全国统一的医药产品冷链物流特别管理机制,保障紧急状态下疫苗及其他医药产品冷链运输畅通和物流过程质量安全。

作为科兴疫苗的主要承运合作伙伴,九州通自 2021 年年初便开始开展疫苗委托配送工作,完成科兴疫苗 95% 的供应。九州通为疫苗制定了运输专案,以专人专车、双司机双风机双保险配置运行,保障疫苗配送不管是在 38 ℃ 的海南,还是在 -50 ℃ 的漠河,其冷藏温度恒定在 2~8 ℃ 的安全范围内,且运输全程信息可查询、可追溯。

值得关注的是,九州通自主研发了一个追溯管理信息化云平台,在保障信息安全的基础上,可实时监控记录温湿度数据,让供应链关联方共管共享数据,提升协同化与平台化服务水平,拓展上下游产业价值空间,深化冷链物流与相关行业的融合发展,促进了冷链物流业务模式、组织结构及技术创新,以及监管质量和效率的提高。

2020 年新冠疫情期间,九州通协助红十字会开展捐赠物资和药品的仓储管理等工作,以高效优质服务受到社会各界及政府部门的一致好评。2020 年 12 月 30 日,九州通与科兴控股有限公司签订战略合作协议,双方基于各自优势,建立战略合作伙伴关系并开展疫苗委托配送、冷藏车租赁等方面的业务合作。此次九州通携手科兴控股,开展疫苗冷链配送业务,是基于九州通长期以来在冷链物流服务领域积累的丰富经验以及拥有的技术、硬件优势,根据业务发展实际情况,九州通在人、车、运营团队上做了补充及调整,以满足业务需要,逐渐完善运作体系,打造比较成熟的运作团队。

6.3.2　武汉松冷冷链物流有限公司

武汉松冷冷链物流有限公司,创建于 2015 年 5 月,隶属于松冷(武汉)科技有限公司。精耕细作生物医药行业 12 年,松冷科技作为冷链行业的开创者和引领者,现已发展成为完全符合国家 GSP 要求的冷链物流企业。目前拥有子公司 21 家,运营网络覆盖全国 95% 以上的城市。武汉松冷冷链物流有限公司依托总部先进的蓄冷技术和创新的冷链物流运营模式,融合现代物流运作系统,为各大疫苗、血液制品、诊断试剂、治疗药物等生物医药企业提供冷链设备定制、精温冷链物流服务,解决了生物医药企业中存在的一些温度数据造假、温度数据断链、温度无法保证以及运输价格偏高等痛点和难点问题,为人民群众的用药安全提供了物流保障。在过去,武汉松冷冷链物流有限公司不断发展壮大;在未来,武汉松冷将继续坚守冷链物流规范,引领冷链运营模式创新,勇当湖北省医药冷链物流排头兵,促进湖北省医药冷链物流行业健康发展。

6.3.3　国药控股湖北有限公司

国药控股湖北有限公司自 2003 年成立以来,经营规模不断扩大,赢利能力持续增长,现已拥有 72 家全资或控股子公司,员工 4800 余人。公司主要经营医药健康产品,拥有并管理湖北省规模排行前列的医药分销及配送网络,形成了以医院纯销为主营业务,涵盖终端配送、零售连锁、医疗器械、原料药业务、供应链服务、第三方物流等业态协同发展的多元化产业格局。2020年,公司含税销售收入256亿元,利税额近12亿元,连续6年蝉联湖北企业百强,是湖北省综合实力排在前列的医药经营企业。在湖北省新冠肺炎疫情暴发之时,作为湖北省卫生应急物资储备单位及省卫健委医药储备企业,国药控股湖北有限公司根据中央指导组的部署,在湖北省疫情防控指挥部及国药集团的指挥支持下,全省数千名国药控股湖北有限公司工作人员不惧风险,冲锋在前,奋战在抗疫保供一线,以"国家队"的使命和担当,为武汉保卫战、湖北保卫战所取得的决定性成果贡献了"国药力量";承担全省80%以上的口罩、防护服、治疗药品等应急物资的采购配送任务;克服自身人员紧张,派出专班与火神山、雷神山的医护人员并肩战斗,承担了医用物资保障和院内物流的任务;累计为新冠患者、医护人员及复工复产单位提供预防汤剂"七味汤"、治疗汤剂等共计110余万袋,全力满足了抗疫一线的应急医疗物资需求;旗下零售门店在疫情期间坚持开业,不哄抬涨价、不恶意囤积,通过门店售药、"无接触"线上售药、对接互联网医院,为广大人民群众搭建起了一道预防的屏障,成为抑制疫情传播、普及防疫知识、维护社会稳定的重要甚至不可或缺的力量,各门店累计服务患者40余万人次,其中,重症慢病药房24小时营业,服务患者近10万人次。

6.4 湖北省医疗器械产品的应用及发展

6.4.1 医疗器械产品在冷链物流中的应用

由于不同的医药产品和生物制品对冷冻的时间与温度的要求不尽相同,因此用于其冷冻的设备也有所不同。以血浆为例,用于冷冻血浆的设备为血浆速冻机。血浆速冻机作为保证血浆质量和医疗器械冷链在低温加工方面的重要设备,不但应用于中心血站,而且广泛用于各大中型医院、生物制剂厂等。血浆速冻机的发展是伴随着制冷技术、控制技术、医疗水平及工业设计水平一同发展的,各种性能指标已基本满足医疗卫生领域的要求。

在低温储存上主要的医疗器械为医用冷库,医用冷库主要分为:0~8℃用于储存疫苗、药剂等的疫苗库,2~8℃用于储存药品及生物制品等的药品库,2~6℃用于储存血液、药物生物制品等的血液储存库,-20~-30℃用于保存血浆、生物材料、疫苗、试剂等的低温保温库,-30~-80℃可用于保存胎盘、精液、干细胞、血浆、骨髓、生物样品等的超低温保存库。随着物流技术的不断发展,医用冷库作为医疗器械冷链物流的基础设施,其自动化技术不断推陈出新,不但提高了医药以及生物制品等存储的安全性与可靠性,还方便了其信息化管理。自动化冷库相对于传统冷库具有使用人员更安全、能耗更低和效率更高等优势。随着医用冷库的发展，自动化医用冷库将是未来的新趋势。

在低温运输与配送环节主要应用的医疗器械为医用冷藏车以及保温冷藏箱。医用冷藏车主要是用来运输医用用品的封闭式厢式运输车，是装有制冷压缩机组、通风槽、温度记录仪、GPS 系统等的特种医用冷藏车。保温冷藏箱主要有两种类型，一种是无法进行制冷的保温箱，另一种是带有制冷功能的保温冷藏箱。

在低温销售方面主要应用的医疗器械为药品冷藏柜，药品冷藏柜主要用于药品、生物制剂、疫苗、血液的冷藏、保存、运输。根据不同需求，又分为高温冷藏型和常温冷藏型及低温冷藏型的冷藏柜。

医疗器械在冷链上的应用无论对于医疗器械自身还是对于冷链物流都有着极其重要的作用。随着不断发展，它也将发挥更加重要的作用。冷链中的医疗器械主要应用于疫苗、血液制品和其他生物制品，而我国 2019 年疫苗、血液制品和其他生物制品的市场规模均有所增长，增速分别是 28.85%、23.38% 和 16.15%。冷链物流上应用的医疗器械对疫苗、血液制品和其他生物制品的制造、保存、运输和销售有着极其重要的作用。

目前九州通医疗器械产品的冷链物流运作模式主要以委托配送、分销及物流平台模式为核心，将重点发展集中配送及医疗服务等。主要应用如下：

(1) 集配模式 (SPD)：目前医疗器械主要以耗材集中配送模式为主，托管医院一级库房，向各科室进行补货。九州通医疗器械目前运营的项目有北京大兴区人民医院项目、安徽芜湖二院项目、镇江人民医院项目及三门峡人民医院项目等。

(2) 委配模式-寄售：为解决产品在医院的配送及时性问题，及时响应医院临床手术需求，在医院设置预售库，将货物提前备齐后暂存在预售库中，货物所有权归属公司，待医院科室使用后才完成实际销售结算。

(3) 委配模式-临调：九州通根据经销商手术需求提供全系列产品及工具用于医院手术，手术结束后剩余未使用产品及工具被返还，公司再根据手术最终使用产品进行销售记账和对账回款的一系列过程，代表医疗器械产品有骨科产品、心脏瓣膜产品等。

(4) 分销模式-IVD 配送：主要提供 2~8 ℃ 冷链配送服务及清洗剂常温配送服务，发展检测设备维护等业务模式。

医疗器械带量采购政策影响着冷链物流模式，使之前的零库存＋直配发展为实物库存＋寄售、双向物流流程，运营更为复杂；带量采购医疗器械产品冷链物流配送需要运营能力支撑，前期需要投入大量的硬件及人员支持，成本高，利润空间会进一步压缩。

6.4.2 医疗器械产品标准化建设及实施的方案和路径

冷链物流环节上应用的医疗器械在医疗器械自身发展与冷链方面都发挥着极其重要

的作用,而由于我国标准化建设起步较晚,目前在这方面相关的标准化建设还不完善,相关监管体系落实不到位,相关产品缺少相应的标准指导,特别是在生物制药、血液制品等的生产流通环节,医用冷库、医用冷藏车和药品冷藏柜等产品的管理与使用没有专门的适合医疗器械要求的标准。

目前,在速冻设备方面,依据的主要标准为根据中国生物医学工程学会2020年第二批团体标准制修订项目工作计划,由山东省医疗器械产品质量检验中心等负责起草的团体标准《血浆速冻机》和由国家食品药品监督管理总局2019年发布的《血浆速冻机注册技术审查指导原则》。在冷库方面,依据的主要标准为GB 50072—2021《冷库设计标准》和GB 51440—2021《冷库施工及验收标准》,而医用冷库依据的主要标准为《药品经营质量管理规范》和《冷藏、冷冻药品的储存与运输管理》,医用冷藏车依据的主要标准为GB 29753—2013《道路运输 食品与生物制品冷藏车安全要求及试验方法》,药品冷藏柜依据的主要标准为GB/T 21001.1—2015《制冷陈列柜》。

下一步,湖北省将进一步完善相关医疗器械的标准与指导原则,推进冷链物流环节上应用的医疗器械产品标准化建设,进一步落实相关监管体系的建设。重点任务是健全五大体系,提高药品安全保障水平。

一是健全完善法规标准体系。完善配套法规制度。加快制(修)订配套的地方性法规、规章和制度,构建具有湖北特色、系统完备的药品监管法规制度体系。完善监管规程和技术指南。建立完善"两品一械"行政许可、监督检查、稽查执法、投诉举报和应急管理等监管规程和技术指南,出台行政处罚自由裁量权规则和行政处理措施。完善地方药品标准。加快构建推动生物医药产业高质量发展的地方标准体系,实现由政府主导向政府与市场并重转变。

二是健全完善行政监管体系。加强监管机构质量管理体系建设。根据现行"两品一械"法律法规、规范、标准,健全完善疫苗监管质量管理体系。强化体系评估考核。探索建立全省药品监管体系评估工具,科学量化评估监管体系成熟度和监管部门绩效水平。推进监管协同高效。健全完善覆盖全省药品监管系统全领域、全过程、全环节的监管质量体系,建立药品监管协同和信息共享机制。

三是健全完善技术支撑体系。加强审评审批能力建设。深入推进审评审批全程电子化,完善审评、检查、检验并联工作机制。加强检查能力建设。形成权责明确、协作顺畅、覆盖全面的监督检查工作体系。加强检验检测能力建设。确保到"十四五"末期省、市、县三级检验检测机构达到相应能力要求。加强药物警戒体系建设。构建药品(医疗器械、化妆品)不良反应监测评价机构、持有人(注册人、备案人)和医疗机构依法履行相关责任的工作格局。

四是健全完善应急管理体系。健全应急管理体制机制。建立健全覆盖省、市、县三级协同高效、运转流畅的药品应急管理组织体系。加强应急管理能力建设。提升各级对药品安全事件的快速反应和应急处置能力。提升应急管理水平。提高应对突发重特大公共卫生事件中检验检测、体系核查、审评审批、监测评价等工作的统一指挥与协调水平。

五是健全完善社会共治体系。落实各方责任。完善药品安全党政同责机制和考核评价体系,推动市县党委政府落实药品安全属地管理责任。发挥社会监督作用。实施社会监督员制度,发挥业内监督作用,建立吹哨人制度,强化企业内部和企业间的相互监督制约。加强舆论引导。坚持正确舆论导向,强化新闻宣传和政策解读,传递权威信息,引导消费者理性认知药品安全问题。

在具体方案和路径上,以九州通物流标准化建设为例:

(1)网络化经营。以九州通物流中心为基础节点,连接内外仓运配资源,组建全国范围内全医药流通环节的物流网络,实现资源共享、优势互补、合伙经营、相互引流的生态化、网络化模式。

(2)平台化运作。以管控平台、仓储平台、运输平台、信息平台构建九州云仓智慧物流平台,统一业务接入,统一任务调度,统一资源分配,统一监管稽核。全场景适配生产、流通、电商等不同业态,一体化满足各种物流作业模式。

(3)数字化管控。"九州云仓"数据中台构建了统一数据仓、数据质量与分析模型体系,形成仓、运、配一体化的医药供应链平台,构建起行业特有的"BB/BC一体化"高效供应链物流服务模式。目前已投入广东、上海、江苏、湖北、杭州5处BC一体仓的运营,每日揽收率达99%以上,提供全渠道、全品类、全场景、"一站式"数字化分销服务及供应链服务,实现了全链路实时可视跟踪、智能调度、协同控制、数据驱动决策、自动分析诊断,以及全景数字化运营管控。

(4)智能化生产。高度智能的物流中心,各个流程环节集成智能装备应用能力,降低劳动强度,提高作业效率与准确性,保证作业吞吐量。

(5)标准化运营。九州通物流运营五星体系,包含目标体系、标准体系、控制体系、服务支持体系及资源体系,是由20多年物流现场运营经验沉淀形成的适用于医药物流的特有运营体系,可实现互联互通、调度指挥、一体协同、流程控制等物流全供应链服务,不断促进精细化、专业化提升,用最优的成本为客户提供高效率、高质量、高安全的服务。

第 7 章
湖北省农产品冷链物流发展

7.1 湖北省主要果蔬种类、产量

湖北省园艺产品种类主要包括柑橘类、梨、白菜类、根茎类、叶菜类以及食用菌、茶叶等,共计近5000万吨(见表7-1)。其中,水果中柑橘类是最主要的果品,柑和橘约各占40%,橙类占18.3%(见表7-2);茶叶中以绿茶为主,占68.4%,其次为黑茶和红茶。相比于水果和茶叶,蔬菜种类更加丰富且产量更高,其中白菜类、根茎类、茄果类和叶菜类约占所有园艺产品总产量的一半。据不完全统计,全省现存果蔬种类不少于17科、33属。目前生产栽培的主要有柑橘、猕猴桃、桃、梨、葡萄、草莓、李子、杨梅、枇杷、板栗、西瓜、甜瓜等,其中柑橘产量在全省最大,2018年产量达到488.1万吨,2019年产量约为476万吨,约占全省水果产量的75%,形成了长江三峡优质柑橘区、汉江优质砂梨带、316和107国道沿线优质桃枣带、三峡库区优质甜橙、丹江库区优质宽皮柑橘等水果板块。

表7-1 2019年湖北省主要园艺产品产量

主要园艺产品	产量/万吨	所占比例
茶叶	35.2517	0.71%
梨	40.3694	0.81%
柑橘	476.2113	9.55%
中草药	0.13	0.00%

续表

主要园艺产品	产量/万吨	所占比例
叶菜类	497.33	9.97%
白菜类	732.51	14.68%
甘蓝类	255.02	5.11%
根茎类	694.37	13.92%
瓜菜类	458.9	9.20%
豆类	288.61	5.79%
茄果类	476.19	9.55%
葱蒜类	177.71	3.56%
水生菜	297.31	5.96%
其他蔬菜	161.84	3.24%
食用菌	46.93	0.94%
瓜果类	349.19	7.00%
香料	0.41	0.01%

(数据来自湖北农村统计年鉴 2020)

表 7-2 2019 年湖北省柑橘和茶叶产量

种类		产量/万吨	所占比例
茶叶	合计	35.25	—
	绿茶	24.12	68.4%
	青茶	0.83	2.3%
	红茶	3.70	10.5%
	黑茶	5.44	15.4%
	其他	1.16	3.3%
柑橘	合计	476.21	—
	柑	181.50	38.1%
	橘	191.75	40.3%
	橙	87.22	18.3%
	柚	15.74	3.3%

(数据来自湖北农村统计年鉴 2020)

7.2 园艺产品冷链物流现状及主要问题

根据发达国家的数据统计,园艺产业采前生产的产值贡献率仅占 30%,而采后生产的产值贡献率占到70%。发达国家园艺产品采后损失在5%～15%,而我国高达30%以上,部分叶菜类损耗高达60%以上。目前,我国不少地方的园艺作物因采收和采后处理不当,导致一流的果品变成了二流的产品、三流的商品,严重影响价值的实现。由采后损耗造成的经济损失每年均在千亿元以上。

园艺产品的全程冷链是降低采后损耗的主要手段。园艺产品冷链储运技术主要包括产地冷加工、冷藏储存、冷藏运输、冷藏销售、冷链物流监控物联网以及冷链溯源技术和信息化技术。根据以上需求,需要建立园艺产品标准化产地冷加工体系,完善冷链储运装备体系,建立园艺产品智能、绿色冷链配送系统,推动园艺产品在低温环境下的分选、包装等商品化处理,并建立冷链储运装备的全程监控体系及全程温度智能控制系统。

冷链需求不断增加,冷链物流前后端设施不够完善和技术落后,使得大多数果蔬在运输过程中得不到规范的保温、保湿和冷藏,加大了流通损耗,也增加了农户到消费者的价格和品质不稳定的因素。主要问题包括:①从采摘到销售运输周期长、环节多,导致果蔬物流时间增加;②冷藏车等配套设施保有量小,冷藏运输率低;③冷链物流企业缺乏先进的物流设备、技术;④缺乏完整的冷链,经常出现冷链中断现象;⑤信息化支撑力度偏弱;⑥物流供应链的上下游整合不到位,没有统一的行业标准,监管体系不健全。

7.3 园艺产品冷链运输工具选择

冷链运输大致可以分为以下几类:①田间产地到采后商品化处理场的冷链运输;②处理场区到销售区的冷链运输;③销售区内批发到零售商的冷链运输;④不同零售商贩间的冷链运输。根据运输工具不同,可分为铁路运输、公路运输、海上运输和航空运输等不同的运输方式。每种运输方式都有优点和不足,在现实生产中,需要根据货物运送量、时间要求及运输成本等因素综合考虑后选择最适合的运输方式。

1. 园艺产品的公路运输

冷链运输中主要采用冷藏车。公路运输的主要优点是灵活性强,可采取"门到门"运输形式,即从发货者门口直到收货者门口,而不需转运或反复装卸搬运。同时,易于因地制宜,对接收站设施要求不高,并可作为其他运输方式的衔接手段。公路运输的经济半径,一般在200 km以内。

冷藏车有保温车和具有制冷设施的冷藏车两种。保温车具有良好的隔热厢体,无调温设备,宜在中、短途运输中采用;具有制冷设施的冷藏车适宜用于长途运输,运输前的装载应牢固和紧凑,同时在箱子之间留网状通风通道,使冷空气在箱子周围循环。当冷藏拖车的温度在制冷的设定温度以下运行时,车载装置提供热量。制冷装置位于拖车的前端,它通过一个倾斜的通道向拖车的前端提供冷空气。车内的园艺产品装载时需要预留空气流通的空间,使冷空气在园艺产品的底部、包装箱和车体之间流动,最后通过拖车前面的隔离墙返回制冷装置。这种设计有助于消除热量对园艺产品的影响。顶部的运输冷却系统无法通过空气循环去除大多数园艺产品的热量,因此必须在装载前对园艺产品进行冷却。

冷藏车中温度和湿度的控制管理。迄今为止,冷藏运输已经发展成一个分类系统,包括绝热拖车和冷藏装载。使用这种分类系统的车辆通常是根据其在四个温度下运输园艺产品的抗低温能力进行分类(见表7-3)。大多数易碎,容易产生机械伤的水果、蔬菜和花卉在运输时,至少应在C35分类中,并有空气槽和隔离墙。如果空气的温度接近0 ℃,喷雾器往往会结冰。这就要求温控器的温度要略高于水果和冷季蔬菜的最适宜运输温度。如果园艺产品对水分流失不是特别敏感,那么就不需要湿度计,温度设置也不需要那么低。

表7-3 低温运输系统的车辆和温度分类

车辆分类	最低温度/℃	产品的类型
C65	18	可常温保存产品
C35	2	新鲜的水果、蔬菜和花卉
F	−18	冰冻食品
DF	−29	冰激凌和冰冻食品

冷藏车中园艺产品的装载管理。园艺产品种类繁多,在冷链运输过程中经常以混合装载方式运输。因此,对装载产品的兼容性有具体要求。表7-4所示为不同园艺产品的兼容性。纵列所列产品可以在同一温度下储存和运输。如果来自不同温度区的园艺产品混合运输,那么产品的质量会下降,特别是长时间运输时。产品之间的运输温度差异越大,质量损失就越大。此外,对乙烯敏感的果蔬不能与呼吸高峰期的园艺产品(如苜蓿和成熟的番茄)混合运输。如果在特殊情况下需要混合储存和运输,建议使用乙烯吸收剂来防止乙烯破坏。在同一温度范围内,不产生乙烯且对乙烯不敏感的园艺产品可以用冷藏的方式混合运输。

园艺产品对温度的要求较高,且对乙烯等气体的敏感性范围很广,但大多数产品在短短几个小时的运输过程中不会有重大损坏。对于冷冻产品的运输,车辆需要多个隔间,每个隔间都有不同的温度设置,并有可单独打开的门,以便产品能在其最佳温度下运输。

表 7-4 用于长途运输的兼容产品

产品	推荐贮藏和运输温度			
	0～2 ℃	4～7 ℃	7～10 ℃	13～18 ℃
脱水蔬菜	洋葱　　大蒜	—	—	姜,南瓜,笋瓜
乙烯敏感型蔬菜	芝麻菜　大白菜　薄荷 芦笋　　芥蓝*　　蘑菇 菊苣　　苦苣　　芥菜* 小白菜　茅菜　　芫荽 西兰花*　大葱　　荷兰豆 卷心菜　香菜　　菠菜 胡萝卜　甘蓝*　　豌豆 花椰菜　韭葱　　芜菁叶 芹菜　　　　　　西洋菜 莙荙菜　　　　　生菜	菜豆 扁豆* 仙人掌叶 黄瓜* 尖椒 马铃薯 南方豌豆* 墨西哥番茄	紫苏* 佛手瓜 茄子* 非洲角瓜 豇豆 黄秋葵 西葫芦* 西瓜	马铃薯(早熟)* 番茄 绿叶菜
非乙烯敏感型蔬菜	苋菜*　　洋姜　　门参 茴香　　荃蓝　　鸦葱 朝鲜蓟　芦福　　葱头 豆芽　　红菊苣　甜玉米 甜菜　　芋英　　芜菁 根芹菜　甘蓝　　荸荠	—	南瓜 菜豆 灯笼椒 翼豆 丝瓜*	木薯 凉薯 红薯 芋头 山药 番茄*
水果和瓜类（产生少量乙烯）	草莓　　龙眼 苦瓜　　枇杷 黑莓*　　荔枝 蓝莓　　甜橙 樱桃　　悬钩子* 椰子　　草莓* 醋栗 枣 葡萄	血橙 刺梨 枣 金橘 温州蜜柑 橄榄 甜橙 柿子 石榴 柑橘	金橘*　　番茄 阳桃　　橘柚 甜瓜　　柚橘 越橘 葡萄柚 柠檬 酸橙 菠萝 血柚	面包果 蛋黄果 葡萄柚 树葡萄*
产乙烯型水果和瓜类	苹果　　李子　　桃 杏　　　西梅　　猕猴桃 鳄梨　　温柏　　油桃 哈密瓜　亚洲梨 无花果　欧洲梨	榴梿 费约果 番石榴 蜜瓜 波斯甜瓜	鳄梨(未成熟) 克伦肖甜瓜 番荔枝 西番莲	菠萝　　山竹 榴梿*　　番木瓜 番荔枝　红毛丹 木菠萝　香蕉 香肉果 杧果

注：* 表示在推荐的温度和正常大气条件下货架期不超过 14 天。

当车辆的恒温器被设定在冰点温度时,园艺产品的损失很大,而在略高于适当温度的情况下,损失则大幅度降低。对于非冷敏感型产品,恒温器通常调整到介于 1.7~4.4 ℃ 之间。以空气调温的产品应调节到略低于产品要求的温度,因为控制系统的设置是为了确保装载的最冷温度不会低于恒温器设置的温度。良好的装载以及气调降温的冷却产品允许恒温器设置在 1.7 ℃ 以下。这对温度明显低于 0 ℃ 的冷冻产品以及能承受一段时间轻微冷害的产品(见表 7-5)来说尤其重要。

表 7-5 部分水果和蔬菜对冷害的敏感程度

一次冷害就可导致损伤	能从一两次冷害中恢复	能够忍受多次冷害而不受损伤
杏	苹果	甜菜(无叶)
芦笋	西兰花	抱子甘蓝
鳄梨	卷心菜	卷心菜(皱叶)
香蕉	胡萝卜(无叶)	枣
菜豆	花椰菜	羽衣甘蓝
浆果(除了小红莓)	芹菜	球茎甘蓝(苤蓝)
黄瓜	越橘	美洲防风
茄子	柚子	芜菁甘蓝
柠檬	葡萄	婆罗门参
莴苣	洋葱	芜菁(无叶)
酸橙	柑橘	
黄秋葵	芫荽	
桃	梨	
青椒/甜椒	白萝卜(无叶)	
李子	菠菜	
马铃薯	笋瓜	
西葫芦		
甘薯		
番茄		

先进的制冷设备可以提供微型信息处理控制器,通常可以自动监测冷却状态,从而为司机提供故障预警。这类系统还可以将信息传输到卫星,再由卫星将信息传输到公司的控制中心。然后,公司可以监控车辆的位置、系统的运行和运输中的车辆管理。微型信息处理控制器可以将温控器的温度设定在最合适的值,而不必过多考虑冷却问题。关于冷藏车辆的最佳使用准则,见表 7-6。

表 7-6 冷藏拖车、集装箱和船运的最佳使用指南

运输情况	使用指南
一般情况	(1)包装产品的容器应具备下列条件： ☆耐运输中的高湿和振动 ☆不应堆放在托盘的边沿,确保安全 ☆在运输中允许垂直气流在底部交换 (2)装载之前,产品必须冷却至适宜的运输温度 (3)不要将贮运温度和湿度不同,或乙烯敏感性不一致的产品混放 (4)装载之前,设备必须处于良好状态。检查设备以确保： ☆空气传送通道畅通,且无水滴(特别是冷藏车) ☆箱门封条良好 ☆箱子的四周和顶部完好 ☆底部和底部排水管干净 ☆无异味 (5)装载之前,运输工具需冷却,门打开时关掉制冷设备 (6)校准恒温器 (7)托盘运输需用网子网住或绳子捆绑 (8)不允许产品堵塞空气流通通道;装载时不能超过其上限 (9)不要将易受振动损伤的产品放在车轮轴上 (10)使用装载杆或气袋装载,避免摇晃 (11)如果需要,设置温度监控器
公路运输	(1)检查拖车的 RTF 分级盘,C65 很少用于水果、蔬菜和花卉的运输 (2)拖车须有前舱门,两个托盘放在前舱门可以临时保持前舱的温度 (3)除非拖车有深的通气通道,否则不要直接将产品放在地板上 (4)卸载时,使用稳定块或小的便宜的气袋
集装箱和船运	(1)在整个装载过程中,要完全覆盖地板和托盘,以防空气进入 (2)容器须有顶部和底部通风口,以保证垂直方向空气的流通 (3)按标准设置空气交换值

只有当产品的货架保质期较长或储运时间相对较短时,消费者才能买到质量足够好的产品。许多产品被包装在绝缘器具中,以保护产品免受极端温度的影响,包括冰冻或高温。用冰或硅胶冰冷却的产品有时需要使用额外的袋子来保护其免受高温的影响。一旦产品受到伤害,它们会立即被置于温度控制的环境中。

2. 园艺产品的铁路运输

铁路运输的优点是速度快,运输不受自然条件限制,运载量大,运输成本低,适用于国内长途运输和国际运输。主要缺点是灵活性差,只能在固定线路上实现运输,需要与其他运输工具配合和衔接。

铁路运输的经济里程一般在 200 千米以上。每节车厢都装有发动机和电动冷却系统。这个系统包含循环气体的温度控制系统。经调节温湿度的空气流过产品,顺墙向下,到达车底。只要装载不太紧实,就会有充足的空气流动和冷却能力使得产品缓慢冷却。

园艺产品的铁路运输主要采用带温控设备的机械保温列车和冷藏保温列车两种,具体如下。

我国现有的机械保温列车有 B16、B17、B18、B19 和 B20 型等,按其供电和制冷方式可分为三类。

(1)集中供电、集中制冷的列车,如 B16、B17 型。该类列车由发电车集中供电,由制冷车集中制冷。B16 型机械保温列车,每列由 23 台机组组成,总容量为 600 吨。B17 型机械保温列车,总容量为 400 吨。

(2)集中供电、单个制冷列车,如 B19(JB5)型。该类列车由发电车集中供电,每辆保温车配备制冷设备,单独制冷。采用氟利昂作为制冷剂,强制空气循环,总载重量为 120 吨。

(3)单节机械式保温车,如 B18 型,即每辆车都装有发电机和制冷设备,单独供电和制冷,也可与发电车联动,实行集中供电。

冷藏保温列车用冰块降温,因为单用冰块不容易降低车厢内的温度,更不能将温度降到 0 ℃以下,所以通常在加冰时掺入一定比例的盐,这样可使降温速度加快,并得到较低的温度(如 $-6 \sim -10$ ℃)。

3. 园艺产品的海上运输

海上运输常用的运输载体是海运集装箱和冷藏船。海运的优点为运费远低于空运和公路运输,缺点为运输时间长。

集装箱和冷藏船运输的主要差别在于装载货物的总量。每个集装箱能够装载 1000～1500 个包裹,而每个冷藏船能运载 350000 个包裹。海上运输的周期常为 1～4 周,因此提供适合的温度和环境条件极其重要。冷藏船巨大的货物容积及内置的冷却系统使得船运的费用低于单独冷却的集装箱系统。集装箱的优势在于可在包装操作时直接装载在冷藏的装载甲板上,从而保持连续的冷链系统。冷藏船的缺点主要为:首先,装载于开放的锭盘上,使得产品暴露于外,容易受热、冷冻温度或雨水的影响;其次,一旦 350000 个包裹同时到达港口,大量堆积的产品必然会导致其价格的下跌,因此必须要有一个良好的销售计划。冷藏船常常用于大公司大规模运输,香蕉、葡萄、苹果和柑橘通常采用冷藏船运输。

冷藏海运通常使用下排式空气流通系统,以缓慢冷却产品,气密性高并可用于气调贮藏。一般海运集装箱的外围尺寸是长 12.2 m、宽 2.4 m、高 2.6~2.9 m,冷藏容量介于 2.4~2.9 t 之间,内部容积为 56.6~65.1 m^3。集装箱内置的制冷单元由 220 V 或 440 V 的三相电力供电,也可以直接插入公共电力。海运集装箱的使用需要考虑陆运能力,因为海运至目的地后需要陆运,所以集装箱的重量不能超过陆运所能承受的总重量。目前新式冷藏船的堆装容积为 10000~15000 m^3,有一些达到了 22000 m^3,可根据堆装量将容积划分为 4 个单独的空间,每个空间设 3~5 个货物车间,其标准高度为 2.2 m。船运配套了起重机,货物可通过车间顶部的装货口盖装载。车间地板也可打开,便于将产品装载到第一层中。自动温度控制系统可以将温度保持在设定值,误差不超过 ±0.1 ℃,装载物空间温度的变化在 2 ℃ 以内。

底部空气输送系统达到最佳使用状态要求产品装载满,以便冷空气穿过园艺产品本身而非在包裹之间流动。若空气垂直流过包裹,则底部空气输送系统可以顺利完成产品的缓慢冷却。依靠运输冷却的产品应该连同箱子包装,且底部和顶部至少要有 3% 的通风孔口,即使箱子是十字交叉堆放的,通风孔口也要成一直线。内部包装盒、托盘甲板都不允许阻碍空气流通。假如产品通风是垂直流动的,则地面应该完全被产品或固体材料覆盖,这有利于迫使冷空气聚集在包裹附近。

4. 园艺产品的空中运输

空中运输是使用飞机或其他航空器进行运输的一种形式。空中运输的最大特点是速度快,缺点是成本高,特别适合长远距离的国际贸易。在火车、汽车都达不到的地区也可依靠空中运输,因而空中运输有其重要意义。适合空中运输的园艺产品主要有以下三类:第一类是价值高、运费承担能力很强的货物,如高档樱桃等;第二类是易损伤和极易变质腐烂的园艺产品,如杨梅、草莓、鲜切花等;第三类是时令性强及紧缺的园艺产品,如早熟樱桃、设施栽培的非时令蔬菜和一些热带水果。

空运无法实现温度控制。大多数的空运装备不能制冷,且仅有微量空气循环。飞机上的货运区温度对大多数易损产品来说是偏高的,同时高空飞行时湿度相当低,有时候不到 10%,因此需要适合的包装以减轻失水。有时可使用干冰制冷,并通过电扇把空气吹向容器来制冷。

包装对园艺产品的保温和散热十分重要。适合的包装可阻止暖空气流过,有效改善园艺产品的温度条件(表 7-7)。当产品放置在机场跑道时,反射材料做成的包裹有助于减少辐射热。当温度接近室温时,包裹应该及时去除,因为包裹会保持住呼吸热,从而致使产品温度高于室温。有时用冰、干冰或易溶解的化合物包装产品,以便在运输期间提供部分冷却效果。使用干冰时先要向航空公司汇报,因为CO_2对动物和人会构成一定危险性。冰水必须要良好密封,以免水泄漏,因此需采用吸水材料避免意外的漏水。

表 7-7 托盘包装对空运中草莓温度升高的影响
(从旧金山运往美国东部一些城市)

顶部开放的草莓托盘包装	平均抵达温度
顶部为瓦楞纸板的托盘	19.4 ℃
顶部和两侧为瓦楞纸板的托盘	12.2 ℃
顶部为 4 mm 厚聚乙烯薄膜、底部为瓦楞纸板的托盘	8.9 ℃

注:草莓的初始温度为 2.7 ℃(37 ℉);平均运输时间为 18 h;托盘中的平均环境温度大约为 15 ℃(60 ℉),在机场时的温度范围为 17~24 ℃(63~76 ℉)。

7.4 园艺产品冷链运输环境条件

运输环境条件的调控,是减少或避免园艺产品腐烂损失的重要环节,如果对运输环境条件的管理重视不够,就可能造成很大的损失。在园艺产品的运输过程中,外界条件对其影响较大。园艺产品是鲜活的有机体,水分多,容易破损、腐烂。因此,必须加强管理,尽量满足运输中所要求的条件,以减轻运输中的损失。在运输中需要充分考虑以下四方面的环境条件:

(1)振动。

振动是运输环境条件中首先要考虑的基本条件,它可直接造成园艺产品的物理损伤,引起品质劣变。当运输中产品的振动加速度长期很大时,就会产生机械损伤。从振动角度看,铁路运输、海上运输的振动一般较小,公路运输则有较大差异,一般公路运输振动较大,路面较差或采用小型机动车时则更大,高速公路上振动一般较小。此外,运输前后装卸时发生的碰撞、跌落等能产生强烈的撞击振动。

(2)温度。

常温运输随外界条件起伏很大,应注意保护,且不宜作长途运输。低温运输时,厢内下部产品冷却比较迟,要注意堆码方式,改善冷气循环。冷藏运输车辆很少有足够的制冷能力来快速冷却产品。如果需要快速冷却,则必须增加额外的容量。

(3)湿度。

所有运输车辆的一个共同缺点是,它们的制冷系统通常不能保证很高的相对湿度。当产品因低湿度而干燥时,产品质量减轻,品质变差。这是冷藏车厢用于长期储存时必须面对的一个问题。减少干燥的唯一方法是保持冷藏车厢的地板和墙壁湿润,但这会增加腐蚀,缩短设备寿命,并增加对除霜的需求。

园艺产品的贮藏和保鲜应保持一定的湿度条件,通常为 85%~95%。但是产品进入包装箱后湿度很快达 95%,这对长时间运输的某些产品会产生损害,并使包装纸吸湿,强度下降,造成包装变形,对产品产生挤压等。此类产品运输前应该适当干燥,以降低其湿度。若园艺产品运输过程中过干,则要适当加水保湿,反之,则要通风干燥。

(4)气体成分。

园艺产品运输具有吨位大、包装严等特点,产品代谢容易导致供氧不足或 CO_2、乙烯等有害气体积累,如果管理不善可能引发无氧呼吸或乙烯伤害。此外,运输工具和包装不同,也会产生一定的差异。密闭性好的设备使 CO_2 浓度增高,振动也会使乙烯和 CO_2 增多,采用塑料包装,乙烯和 CO_2 都会有所积累。打蜡的宽皮柑橘在运输过程中就可能出现异味;柿子和香蕉可利用运输过程进行脱涩或催熟等;叶菜和花卉在运输过程中受到气体伤害时可能出现生理失调而品质降低等。

除了要考虑运输环境条件外,园艺产品调运之前,必须向有关部门申请检疫,如猕猴桃溃疡病、软腐病、小实蝇等。经检疫人员确认无检疫对象,并办理好检疫手续后,才能起运。《中华人民共和国进出境动植物检疫法》规定,所有跨区域运输的动、植物材料都必须进行检疫工作。进行园艺产品检疫的目的是控制和防止危险病虫害的传播。所检疫的对象是一些对园艺产业存在重大危害的病虫。

冷链运输管理过程中需要注意以下三点:

(1)快装快运。

园艺产品采收后,是鲜活的有机体,依然进行正常的新陈代谢作用。园艺产品不断地呼吸,就会不断地消耗体内贮藏的营养物质,呼吸越快,消耗量也越大;进行呼吸作用的时间越长,消耗量越大。通常,园艺产品在运输和装卸过程中的振动、机械损伤、温度和湿度波动等都会刺激园艺产品呼吸强度上升,所以应尽量减少园艺产品的运输环节,减少装卸次数,缩短运输时间。如园艺产品在我国南北方运输过程中,气候变化很大,长途运输又会造成颠簸,这都会在一定程度上影响园艺产品的质量。因此,应该尽量缩短运输时间,迅速抵达目的地,做到快装快运。

(2)轻装轻卸。

装卸是园艺产品运输中一个重要的环节,操作不当很容易引起腐烂,造成一定的经济损失。绝大部分水果和蔬菜类园艺产品含 80%~90% 水分,属于鲜嫩易腐货物,在搬运、装卸中稍有碰压,就可能造成破损,引起腐烂。因此,装卸园艺产品时,要像装卸鸡蛋一样,严格做到轻装轻卸。目前,我国绝大部分园艺产品以人工装卸为主,做好园艺产品的装卸工作,应加强对装卸工人的专业技能培训,改善装卸条件,尽量采用机械化装卸。

对于蔬菜类园艺产品,要注意尽量不要混装,因为各种蔬菜所产生的挥发性物质互相干扰,不利于产品的品质保持。番茄等有呼吸高峰的园艺产品如果在运输过程中与其他产品混装,产生的乙烯可能加速产品的成熟和衰老,如辣椒会过早转色。即使是 1 mg/L 的乙烯也能损伤莴苣和胡萝卜,使前者产生锈斑,使后者产生苦味。

(3)防热防冻。

各种园艺产品都有其最适宜的贮藏保鲜温度和抵抗高温和低温逆境的温度阈值。温度过高,会加速呼吸作用,促进衰老;温度过低则会造成冷害或冻害,在运输过程中温度波动太大不利于园艺产品的运输。一般极短距离或短时间的运输,可以不过分要求防热防冻,但长距离和长时间运输最好使用保温车船。在夏季运输或向南方运输园艺产品要注意降温,而在冬季运输或向北方运输则要注意防冻。现在很多交通工具,都配备了降温和防冻的装置,如冷藏卡车、铁路的加冰保温车、机械保温车、冷藏轮船和控温调气的大集装箱等。用保温车船运输蔬菜,在装载前要进行预冷。在园艺产品运输过程中,除了温度外,还要注意湿度的调节,以便很好地保持园艺产品的新鲜度,防止失水。此外,还要适当通风,保持运输环境空气新鲜,同时起到散热作用。

7.5 园艺产品冷链运输管理

7.5.1 国内运输管理流程

国内运输管理流程从客户订单/采购开始,紧接着,运输管理经理进行货物分析、承运人计划、装载货物处理、单证准备、货运监控和配送后维护等工作(见图 7-1)。

1. 货物来源

运输管理流程的起点是客户订单或者采购单,包含了内向运输或者外向运输服务的要求。客户服务、销售或市场部负责接收和处理客户订单。订单可能通过邮件、电话、传真或者互联网的形式传送给卖方。最常见的订单传送方式是电话和传真形式。

2. 货物分析

客户订单和采购单只是发出了运输需求的信号,运输管理者必须拥有更多的信息才能完成实际的贸易交易中的运输活动。货物分析是对货物的特征、所需服务水平、包装、费率和集货进行检查确定的过程。

一旦了解了运输货物的详细情况并且包装也满足了要求,运输管理程序就进入了费率分析阶段,更详细来说,运输管理者要分析能满足特定的运输服务水平的各备选运输方

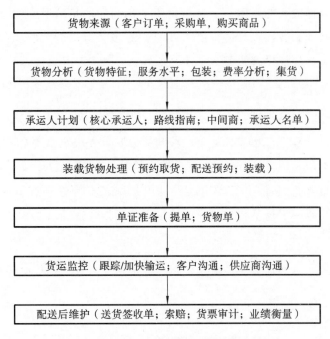

图 7-1　国内运输管理流程

案对应的成本。

另外,考虑货物数量的费率分析还需要分析使用零担承运人和整车承运人的运输成本。使用整车承运人运输货物的运输时间比使用零担承运人的要少,这是因为整车承运人将直接到达目的地,而零担承运人则需要为到达目的地而进行集货。

3. 承运人计划

承运人计划的目的是合理安排承运人以满足托运人在承运人选择决策中确定的运输成本和服务目标要求。承运人计划包括核心承运人、路线指南、确认的承运人名单和中间商。核心承运人的概念是在为获取期望成本和服务而增大交易数量的原则基础上建立的。这些核心承运人通常获取托运人每年90％的运输费用,是托运人有货物需要运输时首先联系的承运人。路线指南对出货运输同样有好处,运输部门经理负责仓库、配送中心和销售部门的运输工作,并对使用哪个承运人完成运往客户的运输进行快速指导。路线指南提供了有限数量承运人选择的优先级别;也就是说列出的第一个承运人是最优的承运人,第二个是次优的,等等。被批准的承运人列表在一个给定的运输路线上可能含有8～10个承运人,经理或者供应商可以在被列出的承运人里根据承运人在当地的业绩水平选择合适的人选完成运输。

承运人计划的另一项工作是使用中间商。中间商是托运人使用的为了确定能够提供实际运输产品服务承运人的非承运人。托运人经常面对运输需求的波动,他们发现与承运人建立长期的合作关系非常困难。这是由于全年的需求是阶段性的,不能满足承运人服务的需求。中间商和数以百计的拥有不断变化的多余运输能力的承运人联系,将托运人集中在一起由承运人提供运输服务。

4. 装载货物处理

装载货物处理的运输管理程序包括货运请求和接受、安排运输车辆和准备单证。

运输经理可以从客户订单或采购单中获知货运要求并决定由哪个承运人提供货运服务。发出货运请求最常用电话和传真,但是越来越趋向于使用电子手段来完成。这个工作流程的下一步是取货、包装和订单分类。订单是用来安排库存选货或者安排生产的。最后一步是在装卸码头进行货物分类以便拖车到达时能快速装载货物。

5. 单证准备

国内运输中最常见的运输单证就是提单。提单是为承运人提供必要信息以完成运输和管理运输的单证。

6. 货运监控

货运监控是跟踪确定在给定的时间内货物是否在适当的位置的工作。承运人利用GPS可以在很小的误差范围内确定运输车辆和货物的实际位置。陆路货运和航空货运行业迅速采用了这些技术。水路承运人、港口和全球中间商在全球托运人的强烈要求下也采用了这些技术,全球托运人需要在全球供应链中实现运输货物的可视化。

如果货物将延期到达,托运人负有通知收货人货物将延期到达的责任,以便收货人可以采取适当措施应对。例如,与买方联系,告知买方原材料的运输将延期到达,买方就可以使用加急订单(使用加快运输)以避免出现货物短缺和工厂停工。同样,零售商可以使用加急订单以减少由热销产品的货运延期带来的销售损失。

7. 配送后维护

一旦配送工作完成后,配送后维护功能就开始了,它用来确定所配送的货物是否是计划配送的货物,损坏或丢失的货物是否被找回,是否支付了正确的货运费用,承运人的行为业绩是否在可以接受的范围内,等等。具体包括送货签收单、索赔、货票审计和业绩衡量。

(1)送货签收单。

送货签收单是由承运人提供的证明货物已经送到的证明材料。配送的完成由接收单上的收货人签字确定。通常,送货签收单是提单的配送复印件,也有一些承运人使用特殊的配送表格。

(2)索赔。

当货物配送时发生损坏或丢失,托运人或收货人可以向承运人提出索赔要求以弥补损失。索赔必须提供所运货物的信息,包括托运人、收货人、日期和商品。这与提单中所包含的信息一致。索赔必须提供提单的复印件以证明在运输前承运人取货时货物处于良好的状况(清洁提单),还需要提供提单的配送复印件以证明货物到达时已经损坏(不清洁提单)。

(3) 货票审计。

货票审计用来确定支付给承运人的运费的确切数额。这通常在支付完成后进行,也就是说,货票审计是在支付原始运费单后进行审计工作。

(4) 业绩衡量。

配送后维护的最后一项工作是衡量承运人的服务业绩。最广泛使用的成本衡量指标是运输成本占销售额的比重、每单位包装成本、每单位重量成本和每张订单成本。这些衡量指标与高层管理人员、销售和采购部用来管理控制使用的指标相匹配。配送和平均运输时间是最广泛使用的服务业绩测量指标。取货和配送延迟会对托运人和收货人的仓储运作成本、库存和缺货成本产生影响。平均运输时间同样影响库存和缺货成本以及卖方的客户服务水平。

国内运输管理流程将一系列相互联系的职能整合在一起,这些职能被用来实施托运人的运输战略。

7.5.2 全球运输管理流程

全球运输管理流程比国内运输管理流程要复杂,这是由交易国家之间的运输和海关管制、基础设施、汇率、文化和语言的不同造成的。图 7-2 描述了全球运输管理流程。它开始于买卖协议,紧接着进行订单准备、运输和单证处理。

1. 买卖协议

买方和卖方的协议确定了卖方必须遵守的运输标准。这些标准包括所运产品、财务条款配送要求(日期和地点)、包装、所用运输方法和货物保险。另外,《国际贸易术语解释通则》详细描述了买方和卖方的责任义务。

2. 订单准备

订单准备不仅包括按订单从库存中取货还包括依据订单进行生产。在这两种情况下,卖方确定所准备的货物正是所需要运输的货物。如果与买方采购单上所列货物不一致意味着买方将不接受所运的货物并拒绝支付货款。由于货物损坏的潜在风险的增加,通常国际航运货物的包装要比国内运输的更严格。托运人一般委托出口包装公司来完成包装以便货物不仅满足通常的装卸、搬运和存储的要求,还满足国际航运的运输要求。对于国际航空货物运输,国内航空运输的包装通常就可以满足要求。

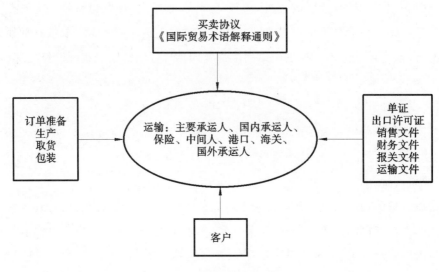

图 7-2　全球运输管理流程

3. 单证

全球货物运输通常由文件控制,如果没有适当的单证,货物将很难运输。一个单证的丢失或者不正确的单证将带来货运的延迟,或者使得货物不能进口到一个国家。这些单证受出口和进口国家的海关管制,主要有:出口许可证、销售文件、财务文件、报关文件、运输文件。

如国内运输一样,国际运输同样需要提单。提单作为运输合同和货物的接收证明发挥作用,并为承运人提供送货指导意见。水路运输使用海运提单,航空运输使用空运提单。除了提单,大部分国际运输还需要提供包含包装材料、尺寸和重量等详细信息的包装清单。

4. 运输

运输要素包括承运人选择、港口/入口港、中间商和保险费的获取。在国际运输中至少涉及 3 个承运人:国内、跨国和外国承运人。跨国运输管理者必须选择一个国内运输承运人将货从卖方运至港口或入口港,选择一个跨国承运人完成两个国家之间的运输,选择一个外国承运人完成运往目的地国家最终地点的运输。Incoterm 中详细描述了承运人选择的义务。选择港口或者入口港需要考虑装卸方式、备选承运人、可以使用的装卸设备、便利性、货物损坏的频率和运输费率。在跨国运输中经常需要购买货物保险,这是因为国际运输索赔处理涉及多个国家的法律而非常复杂。从前面讨论的全球运输管理流程中可以看出,全球运输涉及很多单据文件和贸易术语规则,要比国内运输复杂得多。

7.6 果蔬贮藏、冷链物流相关行业和地方标准

湖北省主栽园艺作物贮藏、冷链所涉及的相关行业标准和地方标准见表 7-8。

表 7-8 湖北省主栽园艺作物贮藏、冷链所涉及的相关行业标准和地方标准

项目	标准编号	标准名称	发布部门
冷库	GB 50072—2021	冷库设计标准	中华人民共和国住房和城乡建设部
冷库管理	GB/T 30134—2013	冷库管理规范	国家质量监督检验检疫总局、国家标准化管理委员会
冷链物流管理	GB 31605—2020	食品冷链物流卫生规范	国家卫生健康委员会、国家市场监督管理总局
运输工具	GB/T 29912—2013	城市物流配送汽车选型技术要求	国家质量监督检验检疫总局、国家标准化管理委员会
周转筐	GB/T 5737—1995	食品塑料周转箱	国家技术监督局
运输包装	SN/T 0263—2015	出口商品运输包装聚苯乙烯泡沫箱检验规程	国家质量监督检验检疫总局
理化指标	GB 2762—2017	食品中污染物限量	国家卫生和计划生育委员会、国家食品药品监督管理总局
安全卫生指标	GB 2763—2021	食品安全国家标准 食品中农药最大残留限量	国家卫生健康委员会、农业农村部、国家市场监督管理总局
采贮藏保鲜用水	GB 5749—2006	生活饮用水卫生标准	中华人民共和国卫生部、国家标准化管理委员会
贮藏包装	GB/T 191—2008	包装储运图示标志	国家质量监督检验检疫总局、国家标准化管理委员会

续表

项目	标准编号	标准名称	发布部门
贮藏出库	GB/T 8210—2011	柑橘鲜果检验方法	国家质量监督检验检疫总局、国家标准化管理委员会
农药残留使用	GB/T 8321	农药合理使用准则	国家质量监督检验检疫总局、国家标准化管理委员会
包装	GB/T 13607—1992	苹果、柑橘包装	国家技术监督局
水果和蔬菜	GB/T 23244—2009	水果和蔬菜气调贮藏技术规范	国家质量监督检验检疫总局、国家标准化管理委员会
桃	GB/T 26904—2020	桃贮藏技术规程	国家市场监督管理总局、国家标准化管理委员会
柑橘	NY/T 1189—2017	柑橘贮藏	中华人民共和国农业部
柑橘	NY/T 2721—2015	柑橘商品化处理技术规程	中华人民共和国农业部
猕猴桃	NY/T 1392—2015	猕猴桃采收与贮运技术规范	中华人民共和国农业部
枇杷	NY/T 3102—2017	枇杷贮藏技术规范	中华人民共和国农业部
梨	DB42/T 1101—2015	梨采后商品化处理技术规程	湖北省质量技术监督局
草莓	DB11/T 1568—2018	草莓采收贮运及冻藏技术规范	北京市质量技术监督局
莲藕	DB42/T 1696—2021	莲藕冷链物流技术规范	湖北省市场监督管理局
莲藕	DBS42/009—2016	湖北泡藕带	湖北省卫生和计划生育委员会

续表

项目	标准编号	标准名称	发布部门
新鲜蔬菜	GB/T 26432—2010	新鲜蔬菜贮藏与运输准则	国家质量监督检验检疫总局、国家标准化管理委员会
茄果类蔬菜	NY/T 1203—2020	茄果类蔬菜贮藏保鲜技术规程	中华人民共和国农业农村部
豆类蔬菜	NY/T 1202—2020	豆类蔬菜贮藏保鲜技术规程	中华人民共和国农业农村部
多年生蔬菜	NY/T 3570—2020	多年生蔬菜贮藏保鲜技术规程	中华人民共和国农业农村部
瓜类蔬菜	NY/T 2790—2015	瓜类蔬菜采后处理与产地贮藏技术规范	中华人民共和国农业部
干制蔬菜	NY/T 2320—2013	干制蔬菜贮藏导则	中华人民共和国农业部
茶叶	NY/T 1999—2011	茶叶包装、运输和贮藏通则	中华人民共和国农业部

第 8 章
湖北省冷链运输情况分析

8.1 公路冷链运输情况分析

8.1.1 公路冷链运输市场概述

1. 行业基本情况

冷链物流行业的发展与现代农产品储藏、保鲜技术的发展密切相关。食品冷链物流需求是我国冷链物流需求的大头,占行业总需求的90%。近几年中国冷链物流发展迅速,中商产业研究院测算,2022年我国食品冷链物流需求量可达3.35亿吨,需求空间巨大。据中物联冷链委统计,2020年我国冷链物流市场规模为4850亿元,比2019年增长1070亿元,同比增长28.31%,且保持稳定增长态势。据不完全统计,截至2020年,我国冷藏车市场保有量已突破28万辆,2015—2018年我国冷藏车市场保有量年增长率均超过20%,2019年的增长率较上年有所下滑,约19.3%,但2020年超过了30%。

2. 运输特点

公路冷链运输主要以冷藏车为运输工具,是目前冷链运输中最主要、最普遍的运输方式。公路运输的优点是灵活机动、速度较快、可靠性高、可实现"门到门",缺点是货量相对较小。

从冷链的运输方式来看,我国冷链运输以公路为主,根据中物联冷链委的统计,我国

90%的冷链物流货运量是由公路冷链运输来完成的,究其原因主要是公路冷链运输相对灵活、时效性强,在短途货物集散运转上,公路冷链运输比其他运输方式具有更大优势,尤其在可以实现"门到门"的运输中。然而公路的运输效率已经达到巅峰状态,长距离运输可以做到24小时无休,速度达到了极致,提升空间很小,而且长距离运输还存在太多的不确定性。

3. 发展规模

数据显示,2018年我国公路冷链运输整体规模为1948亿元,从冷链运输距离角度来看,冷链干线运输市场规模约为1460亿元,冷链城市配送市场规模约为488亿元。从运输组织方式来看,冷链整车运输市场规模达到1558.5亿元,冷链零担运输市场规模达到389.5亿元。

根据中物联冷链委数据,2019年公路冷链运输主要货物运输量为20880万吨。

4. 主要装备

公路冷链物流装备为各型冷藏车,按照载重量,冷藏车的车型主要包括四种,即微型(<1.8吨)、轻型(1.8～6吨)、中型(6～14吨)和重型(>14吨)。

从制冷方式来看,冷藏车主要分为机械冷藏车和蓄冷式冷藏车。机械冷藏车是指借助机械制冷机组实现制冷控温的冷藏车。从冷藏车结构来看,冷藏车主要由汽车底盘和车载冷藏厢组成,其中车载冷藏厢主要由隔热车厢、制冷系统、温控系统组成。隔热车厢和制冷系统是实现冷藏保鲜运输功能的关键,其中制冷系统由制冷剂和四大机件组成,即压缩机、冷凝器、蒸发器、膨胀阀。蓄冷式冷藏车是指应用蓄冷技术,通过蓄冷装置实现冷藏储存和释放,从而提供冷藏环境,实现货品冷藏保温的冷藏车。通过制冷方式的创新,可有效提升装备的冷藏保温性能,降低制冷成本,减少货品腐损。

从冷藏车企业来看,第一梯队为中集车辆、河南冰熊、河南新飞、河南红宇,占据了近70%的市场份额;第二梯队为北京晨光、北京北铃、镇江飞驰、河南松川以及镇江康飞,占据了20%的市场份额;第三梯队是其他特种车改装厂,如河南澳柯玛、安徽开乐、河北御捷马等企业。

8.1.2 公路冷链运输现状分析

随着居民生活水平的不断提高,人民群众对食品安全与食品质量的需求日益增长,冷链物流行业拥有着广阔的市场前景。国家和地方通过引导项目资金、政策支持措施积极支持冷链物流发展,大批生鲜电商进入冷链生鲜物流,表明我国冷链物流发展进入新的发展阶段。而自贸协议的签订、自贸区的建立以及"一带一路"倡议实施也将助推冷链物流的大发展。新时期冷链物流将面临更多的发展机遇,2018年全国冷链运输总收入为2164亿元,同比增长13%。

公路交通运输基础设施建设为冷链物流提供基础设施,其投资建设力度直接影响到本行业的发展。改革开放以来,我国公路设施建设投入逐年增加,公路通车里程总量、公路等级及路网密度、运行质量等均明显改善,为本行业的发展提供了良好的基础。

2018年年末全国公路总里程484.65万千米,比2017年增加7.31万千米。公路密度50.48千米/百平方千米,增加0.76千米/百平方千米。公路养护里程475.78万千米,占公路总里程的98.2%。

2018年我国冷链物流需求总量达到1.887亿吨,公路冷链货运周转量达到1320亿吨千米,同比增长11.86%,约占全国公路货运周转量的2%。

从运输方式来看,据统计2018年我国超过70%的货运量由公路运输完成,而在冷链物流领域90%的运输量由公路完成,8%由船运完成,1%由航空完成,1%由铁路完成。目前公路冷链运输无疑是冷链运输市场的核心主导方式。不同运输方式的对比如表8-1所示。

表8-1 运输方式对比

对比项目	评价指标	公路	铁路	航空	水路
经济特性	运输成本	中等	低	高	低
	运输延伸度	门到门	站到站	港到港	港到港
	竞争程度	激烈	低	中等	低
	优势货流	所有货物	中、低价值,大批量或散货	高附加值货物	低值货物
	平均运距	830千米	1000千米	1430千米	600~2200千米
	载重能力	10~25吨	50~12000吨	5~125吨	1000~60000吨
服务特性	运达速度	中速	低	高	低
	便利程度	高	中	中等	低
	发运密度	高	中	中	低、中
	货运货差	低	中、高	低	低、中
	灵活性	高	中	低、中	低

从表8-1所示的四种运输方式的经济特性和服务特性比较中可以看出,公路运输具有能力大、灵活性高、经济、便利等明显特点,在货物运输上具有较强的竞争力。不仅能够

实现"门到门"的运输而且运输速度较快、运输成本较低,总体来看在各种运输方式中占有很有利的竞争位置。

从运输的货品类型来看,生鲜冷藏冷冻食品占到冷链运输总量的85%,医药及相关产品占到15%。在食品部分,肉制品占到37%,水产品占到22%,水果占到12%,蔬菜占到6%,乳制品和速冻食品各占4%。

8.1.3 公路冷藏车市场与趋势分析

冷藏汽车广义上泛指运输易腐货物的专用汽车,是公路冷藏运输的主要工具。可以将中国专用汽车细分为保温汽车、冷藏汽车和保鲜汽车。保温汽车只有隔热车体而无制冷机组;冷藏汽车不仅有隔热车体和制冷机组,而且厢内温度可调范围的下限低于0 ℃,用来运输冻结货物;保鲜汽车有隔热车体和制冷机组(兼有加热功能),厢内温度可调范围均高于0 ℃,用来运输新鲜货物。

按制冷装置的制冷方式,如图8-1所示,冷藏汽车可以分为机械冷藏汽车、冷冻板冷藏汽车、液氮冷藏汽车、干冰冷藏汽车、冰冷冷藏汽车。其中机械冷藏汽车的使用最为广泛。

图8-1 冷藏汽车分类

据中物联冷链委的统计,2015—2019年,我国冷藏车保有量几乎保持了20%以上的增速(见图8-2)。2019年,我国冷藏车保有量约21.47万辆,较2018年增加3.47万辆。

从区域分布情况上来看,2019年我国华南、华北、东北和西北地区的冷藏车增幅均高于2018年。其中,华东地区的冷藏车增长量最大,同比增长31.90%,增幅领跑全国(见图8-3)。经济发展不平衡以及区域气候差异等,是造成我国冷藏车分布不平衡的主要原因。

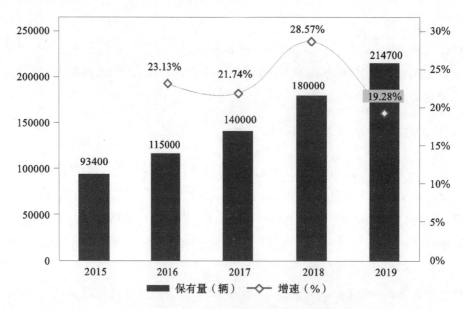

图 8-2　2015—2019 年中国冷藏车保有量及增速

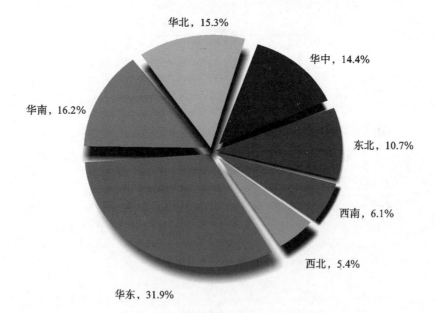

图 8-3　2019 年我国各区域冷藏车增长情况

冷藏车主要用于公路冷藏运输。在冷藏运输方面,公路冷藏运输在网络、货源等方面具有明显优势,公路网要比铁路网、航空网更发达,同样相比于其他运输方式组织货源也更容易。总体而言,公路冷藏运输的优势见表 8-2。

表8-2 公路冷藏运输优势

优势	具体内容
可提供"门到门"服务	相对于航空、铁路、水路来说,中国公路的覆盖面最广。从农村到城市,从丘陵到平原,只要有道路铺设,公路冷链就可送达,能够提供"门到门"服务
产品质量稳定	由于公路运输的中间环节较少,能够减少货物暴露在非温控环境下的时间和数量,从而降低货物因中转而造成的损失,因而冷链运输质量比较可控
短途运输,公路运输价格较低	与航空冷链、水路冷链相比,公路运输的成本低是毋庸置疑的;与铁路冷链相比,研究发现运送里程在800千米以内的,公路运输最为经济;而运送里程超出800千米的则铁路更具成本优势。总体来说,就短途来看,公路冷链的运输成本比较低
运输时效性强	由于公路的运力较为稳定,且不易受到自然因素的影响,另外公路运输的中间环节少,能够减少转运过程中所出现的不可控因素,因此它的时效性比较强
车辆调度方便	公路运输受道路限制较小,相对于铁路、航空和水路来说非常灵活,易于调度

未来公路冷藏运输也将迅速发展,如表8-3所示。冷藏车市场将不断规范,市场应用前景较好。

表8-3 公路冷藏运输发展趋势

趋势	具体内容
冷链需求崛起,带动公路冷藏运输高速发展	随着食品冷链、生鲜电商等的蓬勃发展,很大程度促进了我国公路冷藏运输市场需求的快速增长。2019年受非洲猪瘟的影响,政府提倡"集中屠宰、冷链运输、冰鲜上市",鼓励屠宰企业配备必要的冷藏车等设备,提高长距离运输能力。同时,2019年城乡冷链物流设施建设写入中共中央政治局会议,未来轻微型城乡配送车辆的需求将会随之增长。此外,随着高等级公路和高速公路的不断增多,公路通过能力增大,行驶安全性增强,车辆的行驶速度提高,有利于重型冷藏车和冷藏列车的发展。为了适应市场的变化,中型车将有很大部分被轻、微型和重型车所取代
行业监管加强,冷藏车市场逐步规范	随着多地区、多领域出台涉及冷链物流的政策,冷链物流标准化体系将逐渐完善,冷藏车行业监管将逐渐加强,向标准化和规范化方向发展

续表

趋势	具体内容
品质意识增强,冷藏车制造不断升级	随着消费者对食品安全的要求越来越高,冷藏车市场品质意识将不断增强,冷藏车将朝着轻量化、智能化、多功能化、标准化、系列化方向发展
环保节能盛行,冷藏车绿色高效发展	一方面,当前企业已探索保温夹心材料采用无氟环保成型聚氨酯、内外蒙皮采用高分子复合纤维材料,建设移动式生物安全Ⅲ级实验室,使用美国 VENUS 公司强化树脂纤维的制造技术和设备等,提升效率,降低污染,未来环保节能高效的生产材料、设备、技术等将应用更加普遍。另一方面,从能源和燃料角度来说,由于新能源冷藏车技术发展的不成熟、电池技术落后以及政策补贴降低等相关影响,新能源冷藏车当前发展较为缓慢,但长远来看,在环保大势下新能源必定是冷藏车未来发展大潮

8.2 铁路冷链物流发展分析

8.2.1 铁路冷链物流总体发展情况

铁路冷链运输具有长距离、大运量、全天候、安全高效、节能环保等运输优势。我国铁路冷藏货物运输曾在新中国成立后相当长的时间内是我国鲜活货物的主要运输方式。1991年铁路冷藏货物运量达1669万吨,占总运量的70%以上。然而,随着市场经济结构调整和高速公路的发展,尤其是绿色通道的开通,铁路冷藏货物运量急剧下降,到2013年下降为42万吨,不足冷藏货物运量的0.5%。随着食品安全管控系列政策的加强和十九大提出的防治大气污染、打赢蓝天保卫战行动的加快实施,我国冷链运输市场快速增长,同时冷链运输逐渐由公路向铁路转移,铁路冷链运输具有巨大的市场需求空间。为扭转我国铁路冷藏货物运输与经济发展极不对称的格局,从2014年开始,国家、国铁集团和中铁特货公司重新重视铁路冷链运输,组织开展了铁路冷链规划的研究。2016年,中国铁路总公司下发了《铁路冷链物流网络布局"十三五"发展规划》(铁总计统〔2016〕42号),加快推进铁路冷链物流网络布局,将通过运输装备配置、线路配套等系列措施,快速提升铁路冷链运输能力。建立和完善"两纵两横三放射"和"十三支线"的冷链运输通道,通过冷库建设、站场改造、改变运输模式、新增运输装备等措施,逐步提升我国铁路冷藏货物运量,2018年运量达到154万吨,2019年达206万吨,铁路冷链运输量正在逐步提升,但是市场份额仍不足 1%。

铁路冷链运输主要以铁路冷藏车和铁路冷藏集装箱为运输工具。从运输特点来看，为保护货品、方便转运，铁路冷链运输依靠集装箱和铁路冷藏车开展。铁路冷链运输专列单次运货量大，可以实现长距离大宗运输；铁路冷藏集装箱运输通过与公路、水路运输开展多式联运，可以实现"门到门"冷链运输服务。

截至 2020 年年末，我国铁路拥有铁路冷藏车合计 3658 辆。2015—2020 年我国铁路冷链货物运输量由 44 万吨增加到 220 万吨，增长了 4 倍，铁路在全国冷链运输市场中的占比由 0.419% 增加到 0.917%，增长了 118.8%。2015—2020 年我国铁路冷链货物运输发展情况如表 8-4 所示。

表 8-4　2015—2020 年我国铁路冷链货物运输情况

年份	全国冷链运输需求总量/万吨	铁路货物运输总量/万吨	铁路冷链货物运量/万吨	铁路冷链运输占全国冷链运输需求量的比例	铁路冷链运输占铁路货运量的比例
2015	10500	335801	44	0.42%	0.01%
2016	12500	333186	62	0.50%	0.02%
2017	14750	368865	110	0.75%	0.03%
2018	18870	402631	137	0.73%	0.03%
2019	23309	438904	147	0.63%	0.03%
2020	26500	455200	146	0.55%	0.03%

位于湖北省武汉市江夏区的中车长江车辆有限公司是我国唯一的铁路冷链运输装备研发设计及生产制造单位。湖北省 2019 年铁路冷链货物运输量为 11.5 万吨，主要运输装备为中车长江车辆有限公司研制的铁路机械冷藏车组，铁路机械冷藏车运量超过 10.5 万吨，其余运量由铁路冷藏集装箱完成。

8.2.2　湖北省铁路冷链运输的特色及优势

湖北省位于中国的中心位置，交通区位优势一直是湖北最大的亮点之一。和湖北毗邻的有河南、安徽、江西、重庆、陕西等省市，无论通过水路还是陆路，都能够非常方便地到达周边的省区市。

湖北省第一条地方货运铁路为长荆铁路，其沿线是省内主要的生鲜农产品生产基地。长荆铁路的建成对带动沿线经济发展具有重要作用，连通了汉丹、焦柳铁路，缩短武汉至荆门铁路运输距离 208 千米。湖北省第二条地方货运铁路江汉平原货运铁路包括：一期天门至仙桃、天门至潜江两条线路，全长 121 千米，途径天门、仙桃、潜江、汉川等地区；二期仙桃至洪湖、监利铁路,全长112千米,全线设曹武、天门、天门东、沉湖、仙桃东、岳口、潜江北7个车站。江汉平原货运轨道已全线贯通。目前湖北省境内已经建成的铁路线有京广线、京九线、武九铁路、襄渝线、汉丹线、焦柳线、长荆线、宜万铁路、渝利铁路;高铁有京广高铁、汉宜客运专线等,武汉、襄阳已成为我国重要铁路枢纽。规格不尽相同的铁路线路已基本覆盖了我省主要城市的大部分地区:西至恩施、北至十堰、南至荆门咸宁、东至黄冈、中部有规划完备的武汉城市圈。良好的铁路运输基础使湖北内及湖北与全国各地之间的冷链物流变得更为有效率,同时也更加便捷可靠。

湖北省与海外国家的贸易日趋频繁、总量不断扩大。贸易总量的不断扩大,为中欧班列(武汉)的发展带来了难得的机遇,也提出了更高更迫切的要求。2015年中欧班列(武汉)开始运行国际铁路冷链运输。未来计划依托中欧班列开展冷链贸易业务,循环进出口国内外的优质生鲜及冷冻产品,通过冷链货物领域的贸易合作,加强与俄罗斯、德国、法国、越南、泰国、柬埔寨等国家的经济往来,以冷链通道实现与东欧、欧盟地区的互联互通。

湖北省正依托武汉国家物流枢纽和国家骨干冷链物流基地、宜昌国家物流枢纽等打造具有全国乃至世界影响力的长江冷链物流经济带,建设成为长江经济带冷链物流战略高地和"一带一路"国际冷链物流进出口资源配置中心。

8.2.3 铁路冷链装备发展现状

1. 国内外铁路冷链装备发展历史

美国铁路冷链运输至今已有近160年历史,经历了完整的兴衰发展过程,形成了以先进技术装备为基础、高效运营管理系统和成熟市场为依托的完整冷链物流体系。美国铁路冷链运输经历了兴衰起伏的三个发展阶段历程:第一阶段为19世纪中叶至20世纪上半叶,公路运输条件差,费用高,货损严重,铁路大规模兴建和发展,为铁路冷链运输兴起并快速发展阶段;第二阶段为20世纪下半叶,受经济危机、竞争环境以及高速公路的发展等影响,鲜活易腐货物运输逐步向方便、快捷的"门到门"公路运输发展,铁路冷链运输逐步衰退,90年代甚至放弃铁路冷链运输;第三阶段为21世纪初至今,美国政府调整运输政策,运输方式之间通过兼并、联合,实现运输一体化和多式联运,有效提高了铁路冷链的时效性,为易腐货物铁路运输市场开辟了新的发展道路,铁路重新夺回了部分易腐货物运输市场,目前铁路冷链运量已达到总运量的10%以上,正在逐步扩大。

美国的铁路冷链装备主要有加冰冷藏车、机械冷藏车、隔热保温车、冷藏集装箱等,最鼎盛时期各种铁路冷藏车达18.3万辆。

早在新中国成立初期,我国就开始使用进口加冰冷藏车运输易腐食品。从1952年,我国开始进行铁路冷藏货物运输装备设计制造。通过自主研发和引进国外技术,先后设计生产了B6系列冰保车,B19系列、B22系列、B23系列机械冷藏车组,B10系列单节机械冷藏车,BSY 冷板冷藏车等 20 多个型号的铁路冷藏车辆 10000 余辆,均由中车长江车辆有限公司(原武昌车辆厂)制造。但除 B10 系列单节机械冷藏车为 2000 年左右生产的以外,其余大多使用年限已有三十多年,即将全部淘汰。目前我国铁路冷链装备主要有 20 辆 B10 型单节机械冷藏车、700 辆 B22 型机械冷藏车组、50 组采用"4 辆 BX1K＋B23 型发电车(发电箱)＋4 辆 BX1K"模式运输的无动力冷藏集装箱车组和 200 台自带动力冷藏集装箱。我国历史上的主要铁路冷链装备见图 8-4。

冰冷车

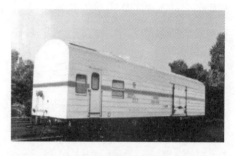

冷板冷藏车

机械冷藏车组

单节机械冷藏车

冷藏集装箱

冷藏集装箱运输车组

图 8-4 我国历史上的主要铁路冷链装备

2. 我国新型铁路冷链装备

2014 年以来,国家铁路总公司制定了《铁路冷链物流网络布局"十三五"发展规划》,对铁路冷链物流运输进行了战略思考和定位,绘制了我国铁路冷链运输的发展蓝图,标志着铁路冷链运输发展进入新时代。中车长江车辆有限公司冷运装备研究所从2014年开始,对我国铁路冷链装备技术和产业发展方向,进行了系统研究和规划,建设了具有国际先进水平的铁路冷链装备制造生产线,开展了创新性关键技术研究,研制了我国全新一代的铁路冷链装备,为我国铁路冷链装备技术创新和产业发展做出了突出贡献。

根据国内外铁路冷链运输发展经验,适合市场需求的冷链运输装备是提高铁路冷链运输能力的关键。结合铁路冷链装备关键技术研究以及我国铁路冷链装备市场需求,坚持发展先进节能、引领型铁路冷链装备和车箱并举的原则,中车长江车辆有限公司对铁路冷链装备产品进行了战略规划,主要分为以下五类:

(1)机械制冷:23 t轴重新型铁路机械冷藏车、40及45英尺系列化机械制冷冷藏集装箱;

(2)隔热保温:铁路隔热保温车、隔热箱;

(3)蓄冷:铁路蓄冷车,40及45英尺系列化蓄冷集装箱、蓄能(热)集装箱;

(4)铁路冷链供电装备:40英尺无人值守信息化铁路冷藏货物运输发电箱;

(5)新能源铁路冷链装备:20英尺及40英尺锂电池冷藏集装箱。

根据我国铁路冷链运输发展的迫切需求和各型铁路冷链装备适用范围、特点、发展方向,结合我国铁路冷链通道、冷链设施现状和发展进程,中车长江车辆有限公司分步研制了多种新型铁路冷链装备,多种产品已投入使用。

1)铁路隔热保温车

铁路隔热保温车(见图8-5)利用车体优良的隔热性能减少车内外热交换,不需要制冷或加热即可使货物温度保持在一定温度范围。该新型运输方式具有运输成本低、货物品质好、装卸效率高、节能环保等综合优势,是冷藏运输的重要组成部分。铁路隔热保温车主要运输经过高温或低温环境后很容易发生品质腐败损坏的货物,如鲜奶、啤酒、矿泉水、粮食、药品等,目前已批量生产运用。

图8-5 BHI型铁路隔热保温车

2)单节铁路机械冷藏车

铁路机械冷藏车可进行温度调节,具有温控范围广、运输距离长、全天候、载重量大、节能环保等优点,在中远距离运输冷藏货物方面具有不可比拟的优势,是国内外主要发展的铁路冷链运输装备。随着我国铁路冷库建设的完善,适应"库对库"运输的铁路机械冷藏车将迎来快速发展。

中车长江车辆有限公司研制了新一代 BH10 型单节机械冷藏车(见图 8-6),是采用远程监控单制冷机组的单节机械冷藏车。该型冷藏车采用技术成熟的转 K5 型或转 K6 型通用货车转向架,满足铁路快运班列运输要求,货物送达速度快,符合我国鲜活货物小批量、多品种、时效性高的市场需求。采用远程监控技术实现无人值乘,制造、运用和检修成本低。车体采用整体发泡结构,隔热性能和气密性好。车辆结构满足叉车等机械化装卸要求,装卸效率高。载重和容积大,运输经济效益好。

图 8-6　BH10 型单节机械冷藏车

3)新能源冷藏集装箱

目前我国冷链运输装备多采用以柴油为能源的机械制冷方式,随着社会物流规模的快速扩大,能源消耗和环境污染形势的加重,需要大力发展绿色物流,推动节能减排,切实降低能耗、减少废气排放。新能源技术如锂电池、氢燃料电池、太阳能电池、超级电容、混合动力、液化天然气等技术的发展,为新能源铁路冷链运输装备发展提供了契机,中车长江车辆有限公司在国际上创新研制的纯电动冷藏集装箱(见图 8-7),荣获 2021 年度中国国家贸易服务博览会"绿色发展服务示范案例奖"。随着世界能源格局的变化以及科学技术的发展,新能源铁路冷链运输装备将是未来的发展趋势。

图 8-7　锂电池冷藏集装箱

4) 无人值守信息化铁路冷链货物运输发电箱

冷藏货物的国际贸易主要采用不带动力冷藏集装箱（海柜）通过海运跨境运输，运输过程中由船舶集中提供电源。海柜上岸后进行内陆长距离运输必须解决电源供给问题。为解决海柜在铁路运输中的供电问题，中车长江车辆有限公司研制了铁路运输发电箱（见图 8-8），主要用于为铁路运输无动力冷藏集装箱供电，可负载 8 个冷藏集装箱。发电箱采用 1AAA 型标准集装箱尺寸，内设 2 台 100 kW 柴油发电机组。通过远程监控技术实现了无人值守运用，在线运用数据全面信息化。该发电箱目前已批量运用。

图 8-8　铁路运输发电箱

5)"背包式"冷藏集装箱供电装备

"背包式"冷藏集装箱供电装备（见图 8-9）用于海运冷藏集装箱运输冷冻、冷藏和保鲜易腐货物和其他物品时制冷机组的供电，采用高可靠性柴油发电机组和 450 L 超大容积油箱，满足恶劣环境温度（-40 ℃和 50 ℃）的运用及 10 天连续运行的要求。该产品配置有信息化远程监控系统，可实时监测发动机及发电机组运行状况、油箱燃油液位等参数，并配置由 GPS 定位功能，提高了运输过程中供电系统的可靠性、安全性。

图 8-9　"背包式"冷藏集装箱供电装备

6）蓄冷（能）集装箱

蓄冷箱是利用相变材料随温度变化而改变物质状态并能提供潜热的特性进行冷藏货物运输的，可根据不同货物的运输温度，设置不同相变温度的相变材料。

蓄冷箱不排放蓄冷剂，环保性能好；放冷稳定，温度均匀性好；运输费用低，经济性好。

可将蓄冷材料安装在集装箱隔热层内，通过蓄冷材料的相变来吸热和放热进行保温运输，整个过程依靠自然条件和相变材料的物理特性，不需要其他任何的装备和能源，并且无任何废气、废水、废料产生和排出，节能环保。蓄积热量在需要的时候放出热量的称为蓄能箱，主要用于运输电子产品等运输温差较大，且对温度维持有要求的产品。中车长江车辆有限公司在我国创新研制的蓄冷箱及蓄能箱如图8-10所示。

图 8-10　蓄冷箱及蓄能箱

7）隔热保温集装箱

隔热保温集装箱利用箱体隔热性能减缓运输过程中货物温度的变化，主要用于装运对温度有一定要求而又不太敏感的货物，适用于国内外铁路、公路、水路及其联运。隔热保温集装箱可实现多式联运，不需要外部动力，节能环保，经济性好。中车长江车辆有限公司为我国铁路创新研制的隔热保温集装箱如图8-11所示。

图 8-11　隔热保温集装箱

8）其他铁路冷链装备

自带动力冷藏集装箱采用45英尺箱体，满足公路、铁路和水路联运要求，配置柴电双驱制冷机组及油箱，加油一次可持续运行10天，运输方式灵活。采用智能化、信息化技术,实现远程监控,可提高运输服务质量和可靠性、安全性。

自带动力冷藏集装箱对铁路平车要求较低,实现多式联运方便,运输距离较长,与铁路机械冷藏车各有所长,可协调发展。根据我国铁路冷链发展情况,可研制一定数量自带动力冷藏集装箱与铁路机械冷藏车配套使用。

无动力冷藏集装箱依靠外部电源集中供电,制造成本低、维修方便和可靠性高,主要用于国际联运。图 8-12 所示为无动力及自带动力冷藏集装箱。

图 8-12　无动力及自带动力冷藏集装箱

8.2.4　铁路冷链物流站点

1. 我国铁路冷链发展规划

为全面贯彻落实党的十八大和十八届三中、四中、五中、六中全会精神,牢固树立和贯彻落实创新、协调、绿色、开放、共享发展理念,以促进物流业"降本增效"为核心,充分发挥市场配置资源的决定性作用和更好发挥政府作用,着力完善网络布局、提升枢纽功能、优化运输组织、改善通行管理、加强信息互联,把铁路冷链通道建设成为服务国民经济发展的战略性经济走廊,为支撑供给侧结构性改革、实现经济社会转型升级提供强有力保障。中国铁路总公司发布了《铁路冷链物流网络布局"十三五"发展规划》,该规划立足我国冷链的发展现状及趋势,深入分析我国重点冷链品类的物流发展情况,充分掌握各品类主要产地的分布、产量、仓储及运输特性,主要消费地的需求规模、主要消费品类及消费成熟度,深入分析冷链干线的流量及流向,对沿线铁路通道能力适应性及沿线重点铁路物流中心进行研究,以发挥铁路优势,布局了"二纵二横三放射"共七条冷链运输主要通道。

2. 我国铁路冷链物流网络节点布局

根据冷链运输市场产销布局、需求规模等市场需求特征,基于铁路冷链物流枢纽节点辐射半径、中铁特货营业部及分公司网络分布、铁路网络密集度等铁路特征,将铁路冷链物流网络节点分为一级集散中心、二级集散中心和三级集散中心三层。针对不同层级节点功能,配置相应规模的人力、物力。通过发挥不同节点的功能作用,使整个铁路冷链物流网络协调运作,缩短全程冷链运输时间,降低运输成本,提高整个铁路冷链物流网络的作业效率。

(1)一级集散中心。

一级集散中心是全国性枢纽节点,覆盖周边二级集散中心和三级集散中心,主要开行特快直达班列。一级集散中心通过集中覆盖范围内中转场或二级集散中心的货物,发往到达点所在区域内的一级集散中心,最终转运至到达点中转场,其能力、运作效率很大程度上决定了网络的运作效率。一级集散中心应设在冷链货物产销量极大的城市,其布局必须综合考虑全国冷链货物的 OD(起终点)流量流向情况、一级集散中心的集散能力、一级集散中心所处地理位置、既有铁路冷链运营企业及铁路冷链设施设备网点布局等因素,发挥网络的规模效应。

根据铁路冷链物流网络通道及区域间的流量情况,初步规划一级集散中心布局城市为北京、郑州、广州、上海、成都、济南等。

(2)二级集散中心。

二级集散中心作为区域性枢纽节点,覆盖周边中转场,主要开行特需班列或混编班列。其作用与一级集散中心的类似,但规模比一级集散中心略小,主要负责将周边中转场的货物进行集结,经冷库暂存或冷藏车预冷处理后,由铁路冷链运输转运至所在区域内的一级集散中心集结,发往到达点所在区域内的一级集散中心,最终疏散至到达地中转场。二级集散中心一般设在冷链货运量较大,且处在区域枢纽位置的城市。

根据铁路冷链物流网络通道及区域间的流量情况,初步规划二级集散中心布局城市为昆明、西安、沈阳、武汉、乌鲁木齐等。

(3)三级集散中心。

三级集散中心是地域性中转、集散的物流节点。在发送端,负责集中区域内散户或农批市场的冷链货物,转运至上级集散中心;在干线运输中,负责中途解编装卸作业;在到达端,将从上级集散中心疏散来的冷链货物经公路短驳运输发送到区域内的收货人。三级集散中心应围绕一级、二级集散中心布局。

根据铁路冷链物流网络通道及区域间的流量情况,初步规划三级集散中心布局城市为长沙、南昌、贵阳、合肥等。

3. 铁路冷链运输分析

(1)运输线路分析。

铁路冷链规划中一纵一横和两条放射冷链主通道均通过武汉吴家山。

一纵冷链主通道指宁哈冷链主通道:凭祥/百色东/防城港→沙井(南宁)→霞凝(长

沙)→吴家山(武汉)→圃田(郑州)→石工(石家庄)→保定→双桥(北京)→文官屯(沈阳)/南关岭(大连)→大屯(长春)→夏家(哈尔滨)→齐齐哈尔南→满洲里(呼伦贝尔)。

该通道主要用于：南菜北运；向俄蒙地区运输冷冻水产品、果蔬；东盟国家向我国华中、华北及东北地区运输水果、蔬菜及冷冻水产品；向东盟地区运输速冻食品、调味品、乳制品等。

一横冷链主通道即沪蓉冷链主通道：南翔(上海)→苏州西→江南货场(南京)→肥东(合肥)→六安→吴家山(武汉)→荆州→白市驿(重庆)→大弯镇(成都)→名山(雅安)→拉萨西。

该通道主要用于：华中向华东、西南运输蔬菜、肉制品、冷冻水产品及速冻食品。

放射通道——郑海冷链主通道：圃田(郑州)→吴家山(武汉)→莲塘(南昌)→赣州东→大田(广州)→湛江→海口南。

该通道主要用于：南菜北运；华北、华中向华南运输北方季节性蔬菜、速冻食品、肉制品、乳制品。

放射通道——郑夏冷链主通道：圃田(郑州)→吴家山(武汉)→莲塘(南昌)→杜坞(福州)→前场(厦门)。

该通道主要用于：东南沿海进口牛羊肉、冷冻水产品、瓜果向内运输；向福建运输果蔬、速冻食品、乳制品、肉制品。

(2)城市化发展。

长江中游城市群：长江中游城市群是国家级城市群，是以武汉为中心城市，长沙、南昌、合肥为副中心城市，涵盖武汉城市圈、环长株潭城市群、环鄱阳湖城市群、江淮城市群形成的特大型城市群。

武汉城市圈又称"1+8"城市圈，是指以武汉为圆心，与周边的黄石、鄂州、黄冈、孝感、咸宁、仙桃、天门、潜江8个城市一起所组成的城市群。

(3)冷库保有量分析。

湖北是除了山东、上海、广东、江苏和福建等东部沿海地区外，拥有冷库规模较大的地区，库容量约170万吨。主要包括武汉四季美农贸城(30万吨)、速鲜物流有限公司(18万吨)、武汉山绿冷链物流有限责任公司(12万吨)、武汉白沙州冷库(10万吨)、武汉肉联万吨冷冻交易市场(9万吨)、武汉良中行供应链管理有限公司(4万吨)、武汉巨力鼎兴实业有限公司(1万吨)、武汉中央直属储备肉冷库(1万吨)和武汉市外城市的冷库。

(4)冷链装备实施。

铁路冷链运输需要以带铁路的冷库为依托，目前国铁集团为改善铁路冷链运输环境，提高冷藏货物运量，将在武汉舵落口建立大型冷库，作为铁路冷藏货物运输的集散中心。

8.2.5 铁路冷链运输前景分析

1. 发展铁路冷链是落实国家政策及发展战略的需要

铁路冷链发展可推进"一带一路"国家战略的实施,视角由东向西转变,发展"一带一路"是通过向西的开放,连接东中西。大力发展中欧班列,让国际间冷藏商品运输变得既省钱又快捷,不仅把国内众多温度敏感性产品带出境,同时欧洲市场上很多海鲜、水果也将通过中欧班列运至国内,推动国际冷链运输业务的发展。

铁路冷链的发展可以有效帮助解决食品冷链运输断链的突出问题,发展"品质冷链物流",为国家食品安全做出积极贡献。同时也是落实2017年1月3日中共中央总书记、国家主席、中央军委主席习近平对食品安全工作作出的重要指示精神,以及中共中央政治局常委、国务院总理李克强把保障食品安全放在更加突出的位置,完善食品安全监管体制机制,大力实施食品安全战略的指示精神。

铁路冷链的发展可充分发挥不同运输方式的组合优势,实现运输资源的高效整合和运输组织的无缝衔接,是加快构建冷链综合交通运输体系的重要举措。

2. 发展铁路冷链是国民经济及产业发展的需要

铁路冷链的发展是支撑供给侧结构性改革、实现经济社会转型升级的强有力保障;是支撑中西部地区农业发展及加强对外销售,产品走精品化、高端化发展的重要保障;是串联全国重要的经济增长极,协调通道沿线各地产业转型与互补,促进地区经济发展的需要。

3. 发展铁路冷链可提升国民生活食品质量

铁路冷链的发展是保障国民食品安全,健全食品监督体系,发展品质冷链运输、仓储、配送的关键支撑;是提升国民消费食品品质,改善国民膳食结构,促进国民体质改善的重要措施。

4. 发展铁路冷链可支持绿色环保运输发展

铁路冷链的发展是充分发挥铁路绿色环保比较优势、实现"低碳运输"发展目标的重要支撑;是充分发挥铁路长距离、大规模运输优势,开展国际冷链运输及全国农产品跨区域运输的核心路径。

8.2.6 促进铁路冷链物流发展的政策

随着我国食品安全管控系列政策的加强以及对农产品冷链物流发展的重视,国家出台了一系列促进冷链物流发展的政策。未来国家会继续出台一系列促进农产品冷链物流发展的细化政策,这一系列物流政策的密集出台将为我国农产品冷链的快速发展提供良好的政策环境。表8-5所示为铁路冷链物流发展的政策。

表 8-5 铁路冷链物流发展的政策

政策文件	相关关键点
《中华人民共和国食品安全法》（2015年）	(1)贮存、运输和装卸食品的容器、工具和设备应当安全、无害，防止食品污染，并符合保证食品安全所需的温度、湿度等特殊要求。 (2)采用信息化手段收集、留存生产经营信息，建立食品安全追溯体系
《关于加快发展冷链物流保障食品安全促进消费升级的意见》（国务院办公厅国办发〔2017〕29号）	(1)聚焦农产品产地"最初一公里"和城市配送"最后一公里"；鼓励农产品产地和部分田头市场建立规模适度的预冷、贮藏保险等初加工冷链设施。 (2)推动冷链物流业集聚发展：在重要物流节点和大中型城市改造升级或适度新建一批冷链物流园区；鼓励适应市场需求的冷库、产地冷库、流通型冷库的建设。 (3)信息化。 ①目标：到2020年普遍实现冷链服务全程可视、可追溯； ②提高冷链物流信息化水平：鼓励企业加强卫星定位、物联网、移动互联等先进信息技术应用，配备车辆定位追踪以及全程温度自动检测、记录和控制系统； ③逐步实现冷链物流全过程的信息化、数据化、透明化、可视化。 ④加强对冷链物流大数据的分析利用：大力发展"互联网＋"冷链物流，整合产品、冷库、冷藏运输车辆等资源，构建"产品＋冷链设施＋服务"信息平台。 (4)充分发挥铁路长距离、大规模运输和航空快捷运输的优势，与公路冷链物流形成协调发展的格局。积极支持中欧班列开展国际冷链运输业务。 (5)加快冷链物流技术装备创新和应用。 ①强调装备的低能耗、绿色、环境友好； ②发展信息蓄冷材料，采用先进的节能和蓄能设备； ③加强节能环保多温层冷链运输工具的自主研发； ④积极推动冷链物流设施和技术装备标准化，提高冷藏运输车辆专业化、轻量化水平，推广使用冷藏箱等便利化、标准化冷链运输单元
《"十二五"农产品冷链物流发展规划》	(1)建立主要品种和产地地区农产品冷链物流体系。 (2)加快冷链物流装备技术升级：节能环保的冷链运输工具、温控设施、经济适用的农产品预冷设施、移动式冷却装置。 (3)信息化：推广全程温度监控设备、建立冷链物流监控追溯系统、建立区域性冷链物流公共信息平台
《国家标准化体系建设发展规划（2016—2020）》（国务院办公厅国办发〔2015〕89号）	更加重视节能、环保,强调完善覆盖全冷链的食品安全保障体系和绿色物流

续表

政策文件	相关关键点
《"十三五"铁路集装箱多式联运发展规划》	(1)到2020年,集装箱运量达到铁路货运量20%左右,其中铁水联运量年均增长10%以上,中欧班列每年开行5000列左右。 (2)优化集装箱箱型,适应客户多元化需求。 (3)开展以集装箱为载体的冷链物流服务。 (4)加快疏港铁路建设,武汉港的阳逻和三江港区列入其中
《铁路冷链物流网络布局"十三五"发展规划》 (铁路总公司铁总计统〔2016〕42号)	(1)构建"两纵、两横、三放射"冷链主通道和"十三条"次要冷链通道。 (2)构建区域级、地区级铁路冷链物流基地。 (3)到2020年,冷链运量规模达到2000万吨以上,冷库容量规模到300～500万吨,冷链主通道基本形成稳定的运输班列。 (4)冷链运输主通道采取"五定班列"运输方式,次通道重点采取冷藏集装箱的"特需班列"运输组织方式

第 9 章 湖北省冷库的现状及发展

9.1 湖北省冷库的建设现状总体情况

(一)冷库需求规模不断扩大

2020年上半年,包括国务院、商务部、财务部及农业农村部在内的多个部门发布多项冷链物流基础建设相关政策,大力支持我国冷链物流基础设施建设,优化冷链市场环境,冷库作为冷链基础设施之一,持续迎来政策利好。数据显示,2020年上半年,全国冷库需求超过61.22万平方米。在全国冷库的需求类型中,冷冻库的需求占比最大,达55.7%,主要存放猪、牛、羊肉及冷冻面点、肉丸等货品;其次是冷藏库,需求占比达25.8%。

湖北省是农业大省,近十年来,湖北省农副产品产量大幅增加。全省涌现出了一批在国内外有较高知名度的农产品品牌,如油菜籽、武昌鱼、罗田板栗、鄂西魔芋等。崛起了一批效益好、市场前景好的农副产品加工产业,如油料加工、中药材加工、水产品加工、茶叶加工、水果加工和粮食加工产业等。年外销瓜菜达到450万吨以上。至2020年,全省蔬菜、水果、肉类、禽蛋、水产品总产量分别达到2694.17万吨、585.33万吨、390.99万吨、160.86万吨、266.63万吨,冷藏量分别达到271.37万吨、75.92万吨、105.18万吨、23.88万吨、41.43万吨,冷藏率分别达到10.1%、13.0%、26.9%、14.8%、15.5%,冷运量分别达到256.29万吨、67.09万吨、260.07万吨、92.82万吨、39.31万吨,冷运率分别达到9.5%、11.5%、66.5%、57.7%、14.7%。随着当前消费水平的快速提升和城镇化的进一步推进,冷库需求规模正在不断扩大。

2019年长江国际航运金融港阳逻国际冷链产业园区战略合作发布会举行,湖北省首个进口肉类指定口岸、国家一类对外开放口岸阳逻港,计划投资30亿元打造冷链产业园,填补国内冷库容量缺口。武汉市相关部门负责人表示,阳逻国际冷链产业园区占地面积约600亩,计划总投资30亿元人民币,将建设容量为50万吨的冷库及相应配套服务设施。业内人士介绍,冷链产业园建成后,将有助于稳定武汉菜价,丰富武汉"菜篮子",市民能吃到更多进口生鲜产品。借此,湖北阳逻国际冷链产业园区将打造成为长江经济带中游核心冷链物流中转枢纽及城市共同配送中心。

(二)冷库企业主体快速发展

截至2021年10月,根据易畅客系统-制冷平台数据统计,湖北省现有冷冻库容量100万吨,冷藏库容量114万吨,冷链运输车1641辆;全省在建冷冻库容量50万吨,冷藏库容量73万吨,出租面积达28.35万平方米;大部分大型商业超市及其连锁经营点配置了冷藏冷柜设施。全省肉类、水产品与果蔬的冷链流通率分别为16%、21%和7%,冷藏运输率分别为30%、36%和15%。全省从事冷链物流的企业452家,冷库数量在4000座以上,一批肉类食品、农产品批发市场,商业终端的冷链物流和专业的第三方冷链物流公司不断壮大,呈现出网络化、标准化、规模化和专业化的发展态势。

武汉市规模以上冷链企业共有110家左右,冷库总容量在120万吨以上。如2020年6月由武汉金控集团投资建设的华中最大的临港万吨级冷库在武汉新港空港综合保税区阳逻港园区冷链物流区全面投入使用,总建筑面积16816平方米,总储存量达3万吨,年周转能力为30万吨以上,为目前湖北投用的首个临港冷冻库。增益冷链(武汉)有限公司市场占地面积30万平方米,集"五大市场"(冻品市场、鲜品市场、海鲜市场、干调市场及厨具市场)、20万吨冷库群于一体,担负着湖北全省80%以上、全市90%以上的百姓餐桌供应。武汉肉联食品有限公司自有冷库近10万吨,各类冷链加工及仓储近15万平方米。

2020年,湖北省印发《湖北省疫后重振补短板强功能"十大工程"三年行动方案(2020—2022年)》,启动疫后重振"十大工程"。未来湖北省将以武汉、宜昌、鄂州为重点,着力打造3家国家骨干冷链物流基地,新增冷库库容70万吨。重点支持87个县域冷链物流设施项目建设,新增冷库库容150万吨。

湖北省将在武汉建设国家区域应急救援中心华中区域中心(含应急物资储备库)、国家华中区域应急物资供应链中心和应急物流枢纽,在鄂东南(黄冈)、鄂西北(襄阳)、鄂西南(宜昌)建设3个省级区域性应急救援基地(含应急物资储备库)。建设省市县三级粮食应急保障中心。

(三)冷库辐射范围逐步扩大

目前,全省各地冷库共吸引了全国各地300多家有实力、有影响的经销商驻场经营,市场辐射力及带动示范效应不断增强。武汉市及周边万吨以上冷库数量已超过20座,其中5万吨以上冷库有11座。间距在100～150千米,比较合理,使产地农民就近(1/2间距)能在2小时以内到达。

如荆州太辉冷链总投资近3亿元,冷冻和冷藏仓储面积达33600平方米,已于2021年12月建成并开始试运营,一举成为荆州冷冻行业规模最大、功能最全、设施最先进的冷冻企业。如宜昌(三峡物流园)、荆州(两湖绿谷)两地的大型冷库兼有中转冷库、产地冷库的性质。同时,辐射范围在40～50千米的中小型冷库发展也十分迅速。

如武汉万吨华中冷链港有限公司位于葛店经济开发区东湖大道特1号,用地面积为520亩,总建筑面积近70万平方米,冷库总容量50万吨,投资30亿元。项目建设周期为6年,分三期完成,其中项目一期已基本竣工,建设有两座低温冷库,一座容量20万吨,另一座规模为10万平方米,集全球冷链食品展示和交易、电商平台、冷链配送、行业会展、联合办公、企业总部等功能于一体。项目一期已于2020年4月23日正式投入运营。二期计划工业地块建设规模约16万平方米,主要建设项目包括3♯冷库一座、综合保税库一座、城市大厨房一座、配套综合楼、LOFT商铺、门卫室、污水处理等设施;三期计划2022年6月开工,受疫情影响,目前延期开工。

项目建成后将成为全国最大的"互联网＋冷链"综合物流港,投产后,年产值将达到400亿元以上,带动当地就业1万人以上。既为鄂州及华中地区国际国内贸易,农业产业化,农产品生产、加工、储存、交易、配送等提供冷链综合服务,又为葛店经济开发区提供综合性商业配套服务,将成为葛店经济开发区地标性建筑。武汉万吨将再次推动行业升级,引领冷库物联新时代。

(四)冷库运营模式多样化发展

随着全省冷库建设和运营的发展,冷库的经营模式也呈现出多样化的特征。一是市场服务型的冷链企业冷库,如山绿冷链、武汉肉联等的冷库;二是配送中心型的企业冷库,如中百、中商、武商等的冷库;三是食品生产加工型的企业冷库,可细分为水产品、鸡鸭鱼肉、果蔬冷藏等,包括出口贸易型冷库,可以延伸到保税冷链物流等;四是产品储存型冷库,主要解决销地、产地的冷链储存及预冷问题;五是快餐服务型冷库,如为棒棒鸡、永和豆浆、肯德基等服务的冷库;六是集散周转型冷库,如大中城市重要冷链节点,包括资源整合型的企业冷库以及冷链产业链主的冷库。

(五)冷库发挥作用特别明显

一是提高了产品附加值。通过冷库存储后错峰销售或加工销售,产品价格比原来提高1～3倍。如小龙虾,通过冷藏冷冻后,收购价从过去的每斤1～2元,上升到每斤6～7元。综合计算,每年使企业、农产品增收数亿元。二是缓解了卖难问题,促进了外销。

2020年湖北省蔬菜、水果、肉类、禽蛋、水产品外销量分别达到643.31万吨、322.34万吨、129.35万吨、34.05万吨、66.27万吨,外销率分别达到23.9％、55.1％、33.1％、21.2％、24.9％。三是活跃了地方经济。如宜昌的柑橘、潜江的小龙虾、仙桃的鳝鱼,都是依靠冷库的发展而成为当地的支柱产品。

湖北新桥生物科技有限责任公司的冻干小香葱和冻干调味品系列产品具有特色和竞争优势;湖北新美香食品有限公司的冻干方便食品在国内拥有较高的知名度和影响力;宜昌嘉禾绿色产业有限公司的冻干方便水饺、馄饨等深受消费者喜爱;湖北也有部分保鲜蔬菜和速冻蔬菜出口的企业,如武汉新辰食品有限公司、天门市鑫天农业发展有限公司等。在食用菌加工方面,湖北企业具有明显优势和强有力的竞争力,代表性的公司有湖北省裕国菇业有限公司、三友食品股份有限公司、湖北神农生态食品股份有限公司、远安县森源食用菌有限公司等。但湖北从事速冻蔬菜和冻干蔬菜的企业为数不多,企业规模不大,出口创汇有限。

9.2 湖北省冷库建设中的主要问题与突出矛盾

(一)主要问题

1. 冷库设备陈旧,科技含量低

湖北省冷库的建设速度与冷库技术创新水平不成正比,没有体现到技术上面。冷库设备陈旧主要表现为设备老化,以宜昌长阳县为例,2020年,高山蔬菜冷库已发展到83家,但是建成运行了10年以上的冷库有41家,占冷库总数的49.4％。这些老旧冷库在当年建设的时候,采用的设备就不先进,加上运行了10多年,设备老化严重,安全没有保证,不仅每年要花去大量的检修维护费,而且运行的成本很高,产生的经济效益很低。冷库科技含量低主要表现在冷库机型不先进。据调查,采用氟机制冷的冷库达90％以上,采用氨机和真空机制冷的冷库不足10％。

2. 分布不均匀,地区发展不平衡

一是同一区域扎堆发展,同业竞争激烈。如宜昌市、襄阳市、武汉市拥有的冷库企业数分别为75、62、61,三个城市的冷库企业数占全省冷库企业总数的40.3％,冷库建设具有一定的盲目性和片面性。二是不同区域差距较大。城市冷库发展较快,农村冷库发展较慢。尤其是边远山区、欠发达地区、交通不便地区的冷库建设相对滞后。如十堰市,面积2.36万平方千米,至2020年只有冷库74座,总库容量只有8.9万吨,平均每平方千米库容为3.8吨,仅占襄阳市的五分之一。而在神农架林区,暂时没有上规模的冷库企业。

三是类型和结构不合理。公益性冷库少,冷库功能发挥不够。冷库结构总体上是肉食冷库多,蔬菜水果冷库少;自用型冷库多,第三方综合服务型冷库少。

3. 经营运作较落后,部分冷库利用率不高

至 2020 年,湖北的冷库基本上都属于中小型冷库,库容量在 1000 立方米以下的占总冷库数的 80% 左右。这些冷库规模小,基本采用家庭作坊式的经营方法,缺乏专业化分工,对生产环节中的成本控制、人员管理、质量监管等没有一套合理有效的运行体制。如长阳火烧坪乡青树包村,具备专业化分工的条件,但还是每个冷库都建有清洗和包装蔬菜的"作坊",经估算,53 家冷库雇请了近 3000 名劳务人员,支出的劳务工资达到 3125.1 万元,是全县整个冷库业主收入 2023.4 万元的 1.54 倍。近几年兴建的冷库,水电路基本配套,环保、卫生设施基本到位,设备与内部结构基本合理,外形也比较漂亮。但在低温处理的各环节缺乏系统化、规范化、连贯性的运作。相关管理办法和操作规范及人才培养跟不上。如生鲜农产品产后预冷技术在全省只有少数企业使用,低温环境下的分等分级、包装加工等商品化处理手段远未普及。冷库运营与管理人员大多数是从普通物流转行而来,对农产品冷藏特性和操作规范不熟悉,使服务质量难以提高。在冷库用途方面,全省 60% 的冷库属于自用型,第三方冷库企业还远远不够发达。在冷库年利用率方面,部分产地冷库年利用率只有 30%～40%,冷库闲置问题严重。

4. 发展环境不够宽松,管理工作缺失

在发展环境方面,湖北省冷库建设在金融支持、财税支持及土地支持等方面还存在一定的不足。如在税收政策方面,虽然国务院提出完善农副产品流通税收政策,免征蔬菜流通环节增值税,但实践中落实得不够,企业一般税负较重,普遍缴纳营业税、城建税、土地使用税、房产税等多项税负,加大了经营主体和消费者的成本负担。在冷库管理方面,一是冷库建设没有统一的规划,至今还没有真正意义上的带有宏观指导性的冷库建设规划,缺乏顶层设计,增大了盲目性和随意性。有的随便在公路边上搭个简陋的房屋就办起了冷库,不仅影响了交通,而且有安全隐患。二是没有建立审批制度,建冷库没有设立准入门槛,无论投资规模大小,一哄而上。有的冷库库房的储存货量还不够装一车,装车的条件也差,客户不愿意租用。三是市场不规范,收费标准不统一,相互杀价,恶性竞争问题严重。四是高山蔬菜冷库经营缺乏政策支持。冷库经营者普遍反映电费较高,水费也高。

(二)突出矛盾

1. 刚性需求增长与宏观制约增多的因素并存

一方面,城市人口不断增加,冷冻产品的总量及多样化的需求在增长。省政府规划,从 2016 年至 2020 年,城市化水平每年提高一个百分点,每年增加 70 万城市人口,按城市人口每人消费的食物定量分析,每年需要增加冷库容量 7 万吨。农村土地向新型经营主体集中,农产品保鲜增值的需求在增长。每年向城市转移的 70 万人,也相当于每年 100 万亩土地向大户集中,这种经营方式的改变,无疑需要增加冷库。两者需求叠加,为冷库的发展提供了较大的市场空间。另一方面,受国家宏观调控政策的影响,冷库发展面临融资难度大、融资利率高以及土地出让难和土地出让价格高、建设用地指标限制等难题,一定程度上制约了冷库的发展速度。

2. 建设积极性高与建设观望现象并存

主要表现在两个层面上,一个层面是政府,尤其是大城市,从城市发展、城市管理、保障供应的角度考虑,纷纷提出建设大型农产品市场、农产品物流园,需要建设冷库与之配套。中小城市的政府,按照变资源优势为经济优势的思路,大力发展农产品加工业,需要建设冷库为加工企业储存原料半成品及成品提供保障。所以各地政府对发展冷链的积极性很高。另一个层面是企业。企业是冷库建设主体,多半在考虑、盘算投资回报率,等待发展时机,处在犹豫不决的阶段。

3. 产地型冷库容量不足与闲置的矛盾凸显

一是从使用来看,农产品的季节性客观上使得产地型冷库容量不足与闲置的矛盾很难调和。产地型冷库一般用于农产品等的预冷和"错峰错季"上市,但是,农产品本身季节性强,成熟后需要马上预冷和冷藏,然后集中上市或分散上市,这时需要的冷库容量大,一旦销售完毕,如果没有下一拨农产品采摘进库,冷库即告空闲。这种季节性的需求,加上冷库建设成本高昂,使得产地型冷库容量不足与闲置的矛盾客观上不可调和。二是农产品销售商业模式创新使得冷库容量不足与闲置的矛盾更加突出。一方面,在当前的电商和互联网经济下,随着 B2C、B2B、众筹等销售方式的出现,农产品"大进大出"冷库的现象更普遍,短时内需要更大更多的冷库。另一方面,以前要"错峰错季"销售而冷藏的一些农产品,在 B2C、B2B、众筹等模式下,随着物流的快速发展,流通半径和辐射范围会极大扩大,"去中心化和中间环节"越来越普遍和容易,使得原本需要使用的冷库瞬时空闲。这些新情况的出现,使得产地型冷库容量不足与闲置的矛盾更加突出,短时很难调节。

4. 巩固提高与转型升级的任务并存

冷库采用氟机制冷能耗高,安全隐患多,这类冷库今后需要进行升级改造。以冷储 1 吨蔬菜计算,氟机制冷需要 9.5 小时,而氨机制冷、真空机制冷只需要 4.5 小时,氟机的单位耗能是氨机、真空机的 2 倍。另外,湖北早期建设的冷库以肉食冷库为主,多为低温冷冻型,加之有些地方片面追求库容量,致使部分冷库利用率不高,个别冷库长期处于半闲置状态。同时,全省制冷与加工技术、组织管理及赢利模式一直没有新的突破,滞后于新的发展要求。因此,改造旧冷库、引进新技术、创建新机制已成为新一轮发展的重要课题。

2020 年湖北省主要冷库建设情况如表 9-1 所示,冷库企业数量分布情况如图 9-1 所示。

表 9-1 2020 年湖北省主要冷库建设情况

地区	企业数	冷库数	企业冷库总容量/吨				冷藏车	
			高温库	低温库	其他	合计	数量/台	总载重量/吨
全省	491	5342	3197331	4839631	112300	8419262	3711	35773
武汉	89	769	351564	1126730	13337	1491631	983	5576
鄂州	11	104	10361	26386	960	37707	9	113
恩施	45	436	274510	43563	235	318308	154	1532
荆门	36	481	151610	216645	9767	378022	348	2367
十堰	23	263	61000	181737	6500	249237	51	1022
天门	23	219	92120	101831	3500	197451	67	675
孝感	41	575	63046	165765	9000	237811	255	3376
宜昌	67	693	271067	480848	2330	754245	286	3021
黄冈	41	297	190430	267654	14115	472199	367	4987
黄石	10	253	61660	52785	18	114463	72	1043
潜江	15	123	33000	76554	15	109569	94	1011
随州	11	213	750900	91576	13	842489	113	573
仙桃	15	235	131002	1355886	700	1487588	206	3346
咸宁	21	107	27490	276723	280	304493	197	2018
襄阳	43	574	727571	374948	51530	1154049	509	5113

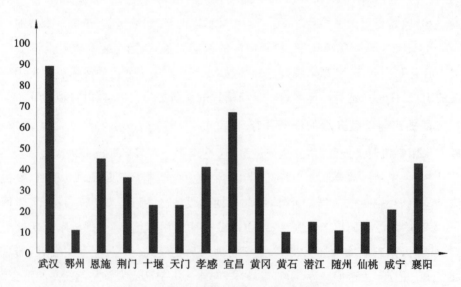

图 9-1 2020 年湖北省冷库企业数量分布

9.3 湖北省冷库能耗情况

（一）湖北省冷库能耗现状

影响冷库耗电量的因素主要有以下三方面：

(1)冷库设备：低能耗和高能耗的机组对冷库总体能耗会产生很大影响。

(2)冷库保温性能：冷库的保温性能决定了冷库机组的工作周期，保温性能好，可以减少机组开启时间。

(3)冷库库内温度波动，如进货温度、进货时间、开关门时间等。

表 9-2 至表 9-4 所示为冷库的能耗系数及不同类型冷库的日耗电量估算结果。

根据已有调查统计的结果，目前湖北省冷库每立方米年耗电量在 52.87 kW·h 左右。

表 9-2 冷库能耗系数

库温/℃	库容/m³			
	<2000	2000~10000	10001~15000	>15000
0~10	0.229	0.175	0.160	0.161
−10~−1	0.315	0.246	0.196	0.196
−20~−11	0.452	0.329	0.271	0.270
−30~−21	0.664	0.553	0.472	0.475

表 9-3 保鲜库(0~5 ℃)日耗电量估算

库高/m	冷库面积/m²	冷库容积/m³	储藏吨位/t	每日耗电量/(kW·h)
2.4	11	21	5	8.25
2.5	15	31	8	11.5
2.5	19	41	10	13
2.5	23	48	12	13.5
2.5	28	59	15	13.5
2.6	36	80	20	17
2.65	43	100	25	21.25
2.7	50	119	30	21.25

续表

库高/m	冷库面积/m²	冷库容积/m³	储藏吨位/t	每日耗电量/(kW·h)
2.6	61	139	35	26.75
2.65	68	160	40	26.75
2.75	83	201	50	32.75

表 9-4　冷藏库(−15～−18 ℃)及低温库(−20～−25 ℃)日耗电量估算

库高/m	冷库面积/m²	冷库容积/m³	储藏吨位/t	每日耗电量/(kW·h)
2.5	7	13	3	5.75
2.5	9	16	4	8.25
2.5	10.8	20	5	9.5
2.5	13	24	6	10.75
2.5	18	33	8	11.5
2.5	23	43	10	12.75
2.5	25	49	12	17.5
2.5	31	62	15	17.5
2.6	40	83	20	22.5
2.65	46.8	100	25	26.5
2.7	54	119	30	34.5
2.85	68.4	161	40	44

(二)降低能耗的建议

1. 分季节有效利用冷库库房

冷藏间节约用电的关键在于冷藏间的利用率,利用率低的冷藏间耗冷多,耗电也就多。在实际操作中,所配备的电动机功率是按制冷机组的制冷能力选定的,也就是库房的耗冷量小于制冷机组的制冷能力。

冷库在淡季运行时,由于冷藏间存放的货物较少,会浪费电能,因此,在淡季时可将几个冷藏间内的货物按贮藏温度及时并库,以减少能耗。

2. 定期放油、除垢、通风

当冷库蒸发器盘管内有 0.1 mm 厚的油膜时,为达到设定的温度要求,蒸发温度就要下降 2.5 ℃,耗电量将增加 10% 以上。当冷凝器内的水管壁结垢达 1.5 mm 厚时,冷凝温度就要比原来的温度上升 2.8 ℃,耗电量将增加 9.7%。当制冷系统中混有不凝结气体,其分压值达到 0.196 MPa 时,耗电量将增加约 18%。由此可见冷库制冷系统定期放油、除垢和通风的重要性。

3. 合理调节冷库蒸发器

一般而言,冷库蒸发温度每提高 1 ℃,可节能 2%~2.5%。因此,在能够满足产品制冷工艺的前提下,可通过调整供液量,尽量提高蒸发温度。

霜层的热阻一般比钢管的热阻大得多,当冷库霜层厚度大于 10 mm 时,其传热效率下降 30%以上。当管壁的内外温差为 10 ℃、库温在-18 ℃时,排管蒸发器的制冷系统运行一个月后,其传热系数大约只有原来的 70%。

冷库冷风机结霜特别严重时,不但热阻增大,而且空气的流动阻力增加,严重时将无法送风,所以要适时对蒸发器的表面进行除霜处理。在大中型冷库的制冷系统中,一般采用热氨冲霜和水冲霜而不采用能耗高的电热融霜方式。而小型氟利昂制冷系统为简化管路,可采用电热融霜方式,但是应根据霜层融化所需的热量配置适宜的电热功率。

4. 冷库内照明系统的节能

冷库照明应在安全、科学、合理的基础上,从节能和环保的角度出发,根据冷库的面积、高度及库房温度等综合考虑。冷库内的照明一般集中在工作区域内。在保证操作人员安全的情况下应做到及时关灯,以减少库房的热负荷及电能消耗。同时要尽量采用高效低耗耐压的照明灯具以减少灯具的更换频率。

LED 照明系统具有环保省电、照度均匀、冷库低温时发光效率良好及供电效率高的优势,是一种极有前景的新型光源,也是今后冷库内照明系统的发展方向。

第 10 章 湖北省冷链物流发展对策建议

10.1 湖北省冷链物流发展亮点

（一）政策引领，项目赋能冷链物流发展

2022年1月，湖北省人民政府出台《省人民政府办公厅关于加快推进农村寄递物流体系建设的实施意见》《促进全省消费扩容升级三年行动方案（2021—2023年）》，提出依托县级寄递公共配送中心，建设满足县域寄递物流需求的，具备预冷保鲜、低温分拣、冷藏仓储等功能的县级综合性冷链仓库，提升县域冷链物流承载力，同时，实施农产品仓储保鲜冷链物流设施建设工程，支持新型农业经营主体建设规模适度的产地冷藏保鲜设施，加强移动式冷库应用，发展产地低温直销配送中心。2020年8月，湖北省人民政府出台《湖北省疫后重振补短板强功能冷链物流和应急储备设施工程三年行动实施方案（2020—2022年）》，提出以武汉市、宜昌市、鄂州市为重点，着力打造3家国家骨干冷链物流基地，新增冷库库容70万吨，重点支持118个县域冷链物流设施项目建设，新增冷库库容185万吨。2020年4月，湖北省人民政府办公厅印发《关于促进农产品流通若干措施》，提出加强冷链物流基础设施建设。2020年3月，湖北省人民政府出台《湖北省促进经济社会加快发展若干政策措施》，提出"通过农业生产发展资金，对家庭农场和农民合作社开展农产品冷藏保鲜、冷链物流设施建设给予支持。"2019—2020年，湖北省商务厅出台《关于推动农商互联完善农产品供应链的通知》，通过中央财政资金近2亿元，支持冷链物流建设项目101项。2020年7月，农业农村厅出台《湖北省2020年农产品仓储保鲜冷链设施建设实施方案》,提出到2020年年底在村镇支持一批新型农业经营主体,建设仓储保鲜冷链设施600个以上。结合湖北省实际,突出脱贫攻坚工作要求,对28个国定贫困县实现全覆盖;对非贫困地区遴选18个县(市、区)整建制推进农产品仓储保鲜冷链设施建设。

(二)消费升级,冷链物流需求稳步增长

湖北是生鲜食品、农副产品、淡水产品的生产与消费大省,冷链物流需求旺盛。截至2021年12月,全省粮食总产量2764.33万吨,生猪出栏4115.08万头,家禽出笼61233.01万只,水产品总产量483.21万吨。初步统计,上述产品冷链物流配送率平均约为13%,年均增速约为5%。在网络零售、消费升级以及食品安全等多重因素驱动下,消费者对生鲜产品的高质量追求,将进一步带动湖北冷链物流需求的稳步增长。

(三)要素集聚,冷链物流生态布局初步形成

截至2021年年底,湖北冷链物流业已形成以优质生鲜、特色农产品为基础,以区域性流通大市场、枢纽性冷链集散地为中心,以生产、流通、加工及进出口一体的多类企业为冷链节点的网络格局,呈现出多元化、多样化的发展特点。依托湖北长江经济带沿江地区特色农产品和黄金水道优势,打造长江流域食品冷链经济带;发挥武汉白沙洲农副产品大市场、汉口北四季美农贸城、武汉万吨·华中冷链港等流通大市场的吞吐量大、辐射力强优势,构建武汉城市群生鲜产品冷链圈;借助十堰堰中蔬菜市场、宜昌金桥果蔬市场、襄阳农产品交易中心、鄂西北粮油大市场、恩施华硒生态农产品批发交易市场等区域性大型批发市场的流通节点网络,建设鄂西生态食品冷链区。湖北省冷链物流生态区域布局初步形成。

(四)国家骨干冷链物流基地建设有序开展

武汉山绿农产品集团股份有限公司是2020年全国首批骨干冷链物流基地名单入围企业,也是湖北省唯一入选企业。山绿农产品集团股份有限公司(以下简称山绿集团)拥有武汉山绿冷链物流有限公司、湖北山绿食品工业园有限公司等3家全资子公司及2家控股子公司。山绿集团是集商品冷储、流通加工、装卸搬运、干线运输、城市配送、检验检测、供应链服务和后勤配套服务等全产业链于一体的大型冷链物流园区集团公司。公司位于武汉市东西湖物流保税区,占地500亩,资产总额9亿元,已建成仓储设施9.22万平方米,冷储规模33万立方米,在建冷链仓储面积1.3万平方米,预计容积12万立方米,建成后园区冷储规模达45万立方米;配套常温仓库2万平方米,容积18万立方米;食品加工生产车间1.8万平方米。园区年物流吞吐量100万吨、商品周转额150亿元。结合国家骨干冷链物流基地建设要求,针对电商高速发展和市民生活所需,定位于农产品加工、冷储功能为一体,占地3万平方米的中央厨房项目正在规划设计中。山绿集团在巩固冷链物流核心业务的基础上,结合自身便利的交通区位优势和毗邻东西湖国家级食品加工

园区的产业优势,建设以武汉为中心,辐射全国的集农产品清洗、加工、包装、分拣、温控储存与物流配送于一体的智能、集约、环保的综合型温控物流园区和城市应急储备中心。2020年10月,山绿集团全自动智能低温5号冷库也已建成投产。

10.2 湖北省冷链物流发展面临的主要问题

(一)冷链物流硬件问题

1. 冷库容量和结构

湖北省生鲜冷链产业在2013—2019年的七年间,交易规模增长了约21倍,但冷库的建设相对滞后,而且存在冷库结构不合理的现象。根据2020年度对湖北省17个地市州282家冷链物流企业的调研数据,湖北省用于存储蔬菜、水果的气调库库容为656177.1立方米,冷藏库为3406398.59立方米,冷冻库为5294487.21立方米。这个数量低于全国0.1立方米/人左右的平均水平,远低于发达国家0.4立方米/人的水平。

不仅冷库容量不足,而且湖北省冷库建设的结构也存在不均衡问题。部分地区,如潜江、天门等地区的气调库数量为0,十堰、鄂州等地区气调库库容不超过2000立方米。上述数据反映湖北省农产品冷库等基础设施不尽完善,农产品田间预冷环节缺失较为普遍。

2. 冷链车辆数量

在所调研的282家冷链物流企业中有冷链车辆的企业共166家。其中,具有1~5台全程温控功能的冷链车辆的冷链企业有83家;具有6~20台全程温控功能的冷链车辆的冷链企业有49家;具有21台以上全程温控功能的冷链车辆的冷链企业有20家。冷链车辆占货运车辆的比例低于全国0.3%的平均水平,远低于发达国家2%~3%的水平,其中,能够对商品实行全程冷链的企业仅有127家,不到50%;能够对部分商品实行全程冷链的共有89家;还有30家企业完全不能提供全程冷链服务。在调查中发现,大部分冷链物流企业在车辆定位、温度监控等信息化设备方面应用不足,在"最后一公里"环节,以"冰袋+塑料泡沫箱"为代表的传统手段仍占据主流。仓储、运输、订单等的信息化管理系统尚未大范围普及,企业缺少覆盖冷链物流全链条的信息化监控手段,冷链服务质量仍然是短板。

(二)冷链物流的"损耗"问题

据初步调查,湖北省冷链的源头——农产品原产地,大部分农产品尚未经过标准化的冷链预处理就直接进行运输、储存,也未进行商品化预处理,直接增加了后续分拣工作的难度,造成后续环节的大量损耗。据初步估算,湖北省果蔬类农产品物流"最初一公里"过程中的腐损率高达10%以上,此阶段的温控和包装等因素对农产品的后续影响还将导致干线运输、配送过程损耗高达20%以上,而发达国家则控制在5%以内。主要原因是一方面缺少制冷设备和冷库设施,另一方面企业尚未重视对上游"最初一公里"的冷库设施进行优化布局。近年来在湖北省发改委、省商务厅、省农业厅等省级政府部门的积极努力下,湖北省果蔬类农产品供应链前端腐损率已得到一定程度的降低,但未来"最初一公里"冷库的建设仍然须引导进一步提速。

(三)冷链资源整合问题

据调查分析,湖北省冷链物流企业规模不大、实力不强,缺乏具有一定实力与技术的冷链物流平台。企业通常仅聚焦冷链物流某一个环节的优化与资源调度,难以从行业视角出发,以冷链物流体系或供应链市场为出发点,对供应链、产业链的资源进行协同与整合。

主要问题表现为:一是湖北省冷链行业无法做到供应链上下游的整体规划与协同,上下游企业间缺乏有效衔接,"断链"现象经常发生,造成大量损耗,产生冷链"盲区";二是湖北省复合型冷链物流企业占比不到15%,具备供应链、运输、仓储、配送功能的综合型冷链物流企业几乎没有,基于资源整合商业模式的平台型冷链物流企业更少,致使湖北省冷链物流行业资源尚没有得到充分整合,冷链资源难以共享,无法实现资源规模化、系统化优化与调度;三是湖北省冷链物流的社会化体系构建还不完善,生鲜电商只能局限于相邻地区较小的范围之内,跨区域的生鲜电商由于受到冷链物流的制约而根本无法实现。社会化冷链物流体系构建的不完善,使得一些电商企业不得不选择自建物流,构建自己的冷链体系,这样虽然保证了生鲜产品的品质、提升了消费者的服务体验,但对企业的可持续发展形成了巨大的压力。

(四)冷链物流信息化问题

(1)湖北省目前尚未建立完善的冷链物流信息网络。

在农产品的生产和经营过程中缺乏提供信息的网络平台,进而产生了信息不对等的现象,导致供求不平衡、信息失真等问题。同时,绝大部分物流企业没有建立自身的信息网络平台。尽管有一些拥有自己的信息系统,但是企业之间的信息是不共享的,生鲜农产品的供销安排仅取决于企业拥有的局部信息。这些信息准确性低,容易受到市场供需波动的影响,从而导致高运营风险和高成本。

(2)湖北省目前尚未建立完善的冷链物流监管体系。

生鲜食品的监控和管理应贯穿整个冷链物流。为了确保生鲜食品的安全,必须在整个运输过程中对生鲜食品进行追踪,并且必须实时掌握每个环节的食品状态以防止食品发生安全问题。湖北省目前对生鲜食品的运输监管不足,可追溯性信息系统还不完善,无法实现对食品供应链的全面管理和跟踪管理,从而无法提供准确的可追溯性数据。由于信息的不对称性,可追溯性系统并不完善,一旦出现问题无法第一时间确定哪个环节有问题,找不到责任人,无法追究责任。因为食品质量和安全信息的不透明,所以无法有效地管理供应链中的生产、包装、运输和存储等各环节。

(3)冷链平台的市场化程度较低,所占的市场份额较少,行业盈利也较少。

从整个市场占比来看,第一方和第二方物流占较大比重,其主要原因还是物资的提供者和需求者追求较低的成本,而选择充分利用自身的物流资源来进行运输,与之相比较的第三方物流虽然更为专业,但成本却是难以解决的问题。因此现在的冷链物流平台模式还在探索和优化阶段,较低的市场化程度制约了平台多样化运作模式的发展。

(五)冷链物流模式问题

湖北省第三方冷链系统的成熟度还不够,尚缺乏先进的冷链物流模式。目前,湖北省电商企业生鲜业务主要局限于O2O模式,一部分企业只能做到在本区域内的发展壮大。除了一些行业巨头(如顺丰和京东)外,其他的一些中小冷链物流企业由于订单量的不足,推高了第三方物流企业跨区域冷链物流配送的成本,制约了冷链物流模式创新的积极性,形成了一种有关生鲜冷链物流的恶性循环。

(六)冷链物流主体培育问题

湖北省冷链物流市场经营主体多以小规模民营企业为主,行业集中度较低,企业运营成本高,服务网络不健全。许多地方还是以专门从事运输的个体散户为主,缺少能带动整体冷链物流行业规模、规范运行的大型龙头企业。

(七)冷链物流营商环境问题

湖北省冷链物流项目普遍面临用地难、用地贵的问题;冷藏运输车进城难、通行难、停靠难,各地禁行时间规定不一致,增加了"断链"风险;冷链物流企业融资难、融资贵,冷库用电量较大,购买智能化、信息化冷链物流设备和信息系统成本较高;理论水平和实践能力兼备的冷链专业人才较匮乏。

除此之外,湖北省冷链物流企业主要面临的营商环境问题包括:行政审批事项过多;地区封锁、行业垄断严重;物流企业的某些违法行为得不到有效监管、违法成本低;物流产业监管标准体系不完善、执行不严肃;垄断与不正当竞争行为得不到严惩;市场行为的风险得不到严格监测预警与防控;市场主体信用平台缺失;守信激励失信惩戒机制缺失;行政机关不能严格依法履行职责;市场执法行为不够规范;市场监管执法信息不公开;执法考核与行政问责不够健全;存在多头与重复执法,监管执法协调配合机制不够完善;市场监管执法与司法衔接不好;行业协会自律作用没有发挥;公众参与和舆论监督作用不够。

10.3 湖北省冷链物流发展总体思路与实施路径

(一)总体思路

1. 紧盯"两高"发展趋势,广泛开拓冷链物流供给需求新蓝海

抢抓经济社会高质量发展和百姓生活高品质发展趋势,重点瞄准生鲜农产品、冷冻食品等市场消费潜力和冷链储运需求空间,挖掘拓展面向多场景、多功能的冷链服务需要,打造全程冷链服务和产品,推动冷链物流产业的智能化、生态化发展。

2. 借力"两化"融合契机,率先走出冷链产业发展新路径

积极把握数字化和工业化"两化"融合发展机遇,注重运用数字化创新赋能冷链基础设施,开发智慧冷链云平台等数字化管理与服务平台,促进"制造业＋服务业"融合发展,推动企业从传统冷链向智能一体化冷链转型升级。

3. 立足"供需"产业布局,培育拉动冷链市场发展新动能

立足传统冷链物流的改造提升,创新冷链物流模式和业态,满足更多场景的消费需求。在有效拓展市场空间的同时,实现对冷链物流全过程的安全管控,合理布局符合"增供给、扩内需、惠民生"要求的有效投资,培育拉动冷链市场发展的新动能。

(二)实施路径

1. 加强顶层设计,绘制冷链"十四五"规划蓝图

加强顶层设计,积极编制湖北省现代物流业发展"十四五"规划,对全省冷链物流资源进行系统化全局配置和空间布局。各市、区(县)两级发改、商务部门对所处区域冷库库容、技术、区位等进行排查建档,结合自身区位特点和生鲜农产品冷链需求量,制定加快湖北省各市、区(县)两级生鲜冷链物流发展规划。

2. 推进冷链物流重点工程建设,补齐冷链设施短板

一是落实《促进全省消费扩容升级三年行动方案(2021—2023)》和《湖北省疫后重振补短板强功能"十大工程"三年行动方案(2020—2022年)》中的冷链物流重点工程。依托城市对生鲜农产品的巨大消费需求,发挥物流枢纽城市的辐射带动作用,支持在重点城镇布局一批冷链物流聚集区,推进生鲜农产品交易中心、物流分拨中心和低温配送中心建设。引进一批国内外知名、核心竞争力强的冷链物流企业,建设生鲜农产品配送中心,形成冷链物流规模产业集群。二是注重发挥地缘优势,加大冷链物流合作,引进外部资金、先进技术,在交流培训、推进标准互认、建立冷链物流示范中心、冷链物流园区业务对接、便利通关等方面先行试点合资、合作项目,提升冷链物流园区辐射带动能力。

3. 完善重点区域和主要品种全程冷链物流体系,提升冷链物流服务质量

一是推动肉类农产品冷链物流发展,建立覆盖生产、储存、运输及销售整个环节全程"无断链"的肉类冷链物流体系,建设一批国家和省级重要肉类冷链物流基地。二是推进水产品冷链物流发展,完善水产品超低温储藏、运输、包装和加工体系,建设一批国家和湖北省重要水产品冷链物流基地。三是推进果蔬冷链物流发展,推广产后预冷、初加工、储存保鲜和低温运输技术,发展一体化冷链物流,建立跨地区长途调运的冷链物流体系。四是围绕提升冷链物流业标准化、信息化、现代化水平,以创新发展和深化改革为动力,以衔接顺畅的基础设施体系为支撑,以供应链管理和信息技术为突破,以物流模式创新为抓手,整合优化物流资源,全面构建社会化、网络化、专业化的冷链物流服务体系。

4. 聚焦田头仓储保鲜工程,打通预冷"最初一公里"

一是根据湖北省实际需求,鼓励引导在产业重点镇和中心村的冷链基础设施建设向田头市场聚集,可按照"田头市场+新型农业经营主体+农户"的模式,开展仓储保鲜冷链设施建设。二是以鲜活农产品主产区、特色农产品优势区和贫困地区为重点,围绕水果、蔬菜布局,坚持"农有、农用、农享",支持家庭农场、农民合作社建设一批立足田间地头、设施功能完善、经济效益良好、紧密衔接市场的农产品仓储保鲜冷链设施,包括节能型通风贮藏库、节能型机械冷库、节能型气调贮藏库。三是根据湖北省各区域的产品特性、市场和储运的实际需要,规模较大的仓储保鲜冷链设施,可配套建设强制通风预冷、差压预冷或真空预冷等专用预冷设施,配备必要的称量、除土、清洗、分级、愈伤、检测、干制、包装、移动式皮带输送、信息采集等设备以及立体式货架,着力提升湖北省农产品最初一公里预冷水平。

5. 强化冷链资源整合,降低断链风险

一是推动冷链物流标准化建设,助力冷链资源整合升级。研究建立冷链托盘、多式联运、城市配送等领域标准体系框架,加快推进各类生鲜农产品原料处理、分选加工与包装、冷却冷冻、冷库储藏、包装标识、冷藏运输、批发配送、分销零售等环节的标准化进程,建立健全生鲜农产品质量全程监控和质量追溯制度,为冷链资源整合提供有利条件。二是新一代信息技术赋能,提升冷链物流资源整合能力。加强市场信息、客户服务、库存控制和仓储管理、运输管理和交易管理等应用系统软件开发,健全冷链物流作业的信息收集、处理和发布系统,全面提升冷链物流业务管理的信息化水平。推广应用条形码、全球定位系统、传感器技术、移动物流信息技术、电子标签等技术,建立区域性的生鲜农产品质量安全全程监控系统平台,实现全程可追溯的农产品冷链监测流程,为冷链资源整合提供路径。三是支持冷链共同配送、"生鲜电商+冷链宅配"和"中央厨房+食材冷链配送"等模式创新,充分发挥冷链物流平台企业的资源整合优势。四是支持各类冷链物流平台发挥资源整合优势,带动供应链上下游商贸企业的合作与交流,构建多业态融合支撑的冷链物流产业,为冷链资源整合提供抓手。

6. 开展试点示范工程,提供专业技术服务

一是开展试点示范工程,引进和培育一批具有核心竞争力的冷链物流龙头企业,重点瞄准"三类500强"和全国冷链物流业20强企业,对注册地在湖北的国家五星级冷链物流企业、全国冷链物流100强企业进行一定的政策扶持。二是组团发展,引导冷链物流企业合并重组。鼓励各类冷链企业通过协同合作或兼并重组等方式,进行业务融合和冷链物流流程再造,缩减中小冷链物流企业的数量,壮大冷链物流龙头企业。三是建设"一点多能、一网共用、功能完善、运行高效、深度融合"的农村冷链物流配送体系,解决农产品上行的"最初一公里"和"最后一公里"瓶颈问题,实现农产品冷链物流成本大幅下降的目标,增加农民收入,为农村精准扶贫提供技术和模式运营上的支持。四是拓宽冷链物流发展的融资渠道,加强与金融部门之间的协调沟通,争取贷款规模和中长期合作,加大金融机构对重点建设项目的资金支持力度;深化银企合作,协调金融机构落实国家对冷链产业的支持政策,健全担保体系,采取多种措施,增强政府性担保公司的融资担保能力。

7. 注重技能型人才培养,创新人才引进机制

一是多种渠道加强冷链物流人才的培养。采用政府购买服务的方式,与大专院校和专业机构合作培训物流产业各类紧缺人才。由物流行业协会牵头组织,与各级人力资源保障部门合作,加强从业人员在职培训,着力培养职业技能型人才,拓展职业发展空间;与各类型研究机构合作,筹划建设物流冷链人才实习基地和校企联合培训基地,推进校企合作,推行定向培养人才培训机制。二是提高冷链从业人员素质。举办行业内的职业技能大赛,通过媒体广泛宣传先进典型,增进外界对冷链业的了解和认同,创造良好的行业氛围,增强冷链从业人员的行业归属感和荣誉感,提升从业人员整体素质。三是加强冷链人才引进。依托"现代服务业领军人才""产业高端人才引领""人才回归""招硕引博"等人才引进工程,重点引进冷链管理及相关专业的专业管理人才。制定常态化的人才引进计划、激励政策,引进优秀专业人才,尤其是物流管理(冷链方向)和物流工程技术方面的复合型人才、熟悉冷链业务运作的高级人才和业务操作人才,为冷链物流产业的高质量发展提供智力保障。

10.4 湖北省冷链物流发展具体举措

(一)扩大交易市场,降低物流成本

完善的冷链物流体系不仅需要依靠先进多样的物流管控技术,同时还需要考虑多方面的影响,其中最重要的就是交易市场的支持和物流成本的降低。消费者往往是通过龙虾、海参这些高档海鲜来认识冷链物流这个概念的,但实质上冷链物流可以运用在很多方面。随着冷链物流的常态化,不必拘泥于冷链物流的高端性,而应当让消费者认识到冷链物流在常规产品的保存中起到的保质保鲜的作用,从而获得更多消费者的青睐,进一步扩大冷链物流交易市场。同时物流企业也应当培养消费者正确的消费观念,通过各种宣传方式,营造冷链物流优质好价的运营氛围,从而通过消费者和物流企业的共同努力扩大交易市场。此外,物流企业也应当运用先进的管理技术,扩大冷链物流产业链,通过衔接冷链物流的上下游运输步骤使得产业链成本内部化,以此来降低产业链交接过程中的成本,从而在保障商品质量的同时维持适当的价格,以此降低物流成本。

(二)加强基础建设,完善监管体系

对于产品质量和管理标准问题,应当从冷链的基础性建设和完善监管体系出发进行解决。目前,生鲜冷链产品的质量问题大多源于成本,而要解决成本问题就需要冷链企业引进能耗成本较低的冷链基础性设备,建设更为实用先进的基础性设施来使企业的仓储成本降低。同时设备的技术更新和信息化进程也将节省人力成本提高效率,从而更进一步节省冷链企业的运营成本,保障企业的产品质量,因此加强基础建设可以从根本上解决企业面临的成本问题。

冷链物流管理标准是规范冷链物流市场和企业运营情况的核心纲要,因此解决管理标准混乱及缺失的问题就需要首先完善监管体系,维护冷链管理标准的核心地位。监管体系应当对冷链物流的全流程进行监管,对从产品的制作包装到产品的运输配送整个流程,制定包装方式、冷藏温度等相关标准,用以保证冷链产品的质量和监管效率。政府等相关监管部门也应当完善管理数据信息化进程,通过机器管理的方式,提高监管效率,完善监管体系。

(三)共享物流信息,打造区块链冷链物流

湖北省冷链物流产业的发展应该着眼于基于企业信息共享的发展模式。有效的信息可以整合市场资金、物流资源等冷链物流资源,而企业的利益最大化和企业之间的竞争性导致了市场上信息的缺乏,打造信息透明的冷链模式可以改善这种情况。例如:区块链技术的去中心化可以避免单个企业或个体持有信息,信息可以真正做到成员共享,冷链物流供应链上的各个信息提供者利用物流信息,从而达到共同发展的效果。同时区块链技术下的信息监管较为安全,信息安全由各个提供者共同维护,信息的误差也可以通过信息库对照的方式来避免,消费者得到的产品也可以通过编码进行回溯,出现问题可以借此分析出产品问题出现的环节,有效保障了产品的质量。因此在当下物流信息至上的时代,共享物流信息,打造区块链冷链物流是我国冷链物流发展的未来方向。

(四)借势"新基建",促进冷链物流发展

随着国家管理层指明方向,各个部委、地方政府及企业都开始积极围绕"新基建"制定和开展相关发展计划。"新基建"的核心要素是以 5G 网络、大数据中心、人工智能等为载体,让数字信息技术和实体经济充分融合,这不仅会成为影响每个人的生活方式,也将是一种重塑供应链、物流效率的生产方式。"新基建"具有很强的上下游联动效应,将推动各个产业链及冷链体系间的优化与重组。物流基础设施的完善,供应链模式的创新,正在为人们生活、城市发展、产业经济带来深刻的影响。日益刷新的消费体验,偏远县乡与城市的同步发展,不同区域的深度融合,对产业的服务与重构,技术在物流行业甚至跨行业产生的价值效应,都让供应链发展走向愈发重要的地位。

(五)依托多场景,提高冷链服务质量

后疫情时代背景下,政府及其相关职能部门应该支持各大面向供应链的冷链物流企业,依托其强大的物流服务和供应链能力,为零售药房、社区便利店等线下实体经济开放更加完备的多场景服务能力,打造出一系列创新的"服务供应链"。

例如,京东健康旗下医药 B2B 电商平台药京采,在助力医药行业复工的过程中,协调上游医药工业企业资源独家供货,并利用京东冷链物流的优势,保障冷链药品的流通,保证配送的时效性;疫情期间,京东新通路联动品牌商、联合仓、平台商家等上游伙伴,以最快速度补货,保障商品的稳定供应,给了合作零售门店强有力的支持。在疫情期间,盒马鲜生组织研发人员开发了社区团购业务,消费者在线上下单以后,订购物资成批次地用冷链配送的方式送到居民手中。这样既能满足消费者需求,又弥补了没有顾客到店带来的损失。

(六)增加市场占比,培养物流人才

鉴于冷链物流市场上第三方物流的份额弱势情况,第三方物流企业应扩大自身物流管理和运输效率优势,以此来弥补自身的成本弱势。而随着第三方物流企业的承包规模不断扩大,企业的边际成本也会随之降低,企业的市场占比也将不断增加。此外,企业应当认识到未来冷链行业运输集中外包的趋势,出于运输效率和集中外包的成本优势,未来越来越多的企业将会选择成立面向市场的第三方冷链物流服务机构。这样的第三方冷链物流机构将有利于冷链资源的集中调配,减少资源损耗,提高冷链运输效率。为了改善冷链物流的市场占比,应当加强对第三方冷链物流机构的建设。对此,政府应当制定相关优惠政策,通过减少税负、增加资金扶持等方式进行支持。第三方冷链物流机构的成立也离不开物流人才的支持,因此培养擅长规划物流路线的管理人才、具备特种冷藏设备操作技能的实干人才等是重中之重。最后第三方冷链物流机构应当不断探索不同物流运营模式的结合,通过探索供应链冷链与运输冷链的有机结合等方式,摸索出多样的冷链物流运输体系,从而保障产品质量,降低成本,增加自身的市场竞争力。

参 考 文 献

[1] 前瞻产业研究院.中国冷链物流产业前景图谱[EB/OL].(2019-07-03)[2022-03-26].https://zhuanlan.zhihu.com/p/72040250.

[2] 朱燕媚,杨伟男.浅析农产品保鲜冷库发展现状与政策建议[J].农机质量与监督,2020(08):35-37.

[3] 中国冷链物流网.冷藏运输不同运输方式及其运输设备[EB/OL].(2014-02-19)[2022-04-07].http://cclcn.com/shtmlnewsfiles/ecomnews/462/2014/201421914393207635.shtml.

[4] 华创证券.物流行业深度研究报告:顺丰控股专项研究(二)海外启示:时代背景催生行业发展,生鲜电商与速冻品消费或催生千亿冷链增量[R/OL].(2020-04-19)[2021-11-02].

[5] 艾媒网.速冻食品行业数据分析:2020年中国速冻食品市场规模已达1393亿元[EB/OL].(2021-06-05)[2021-11-02].https://www.iimedia.cn/c1061/79395.html.

[6] 前瞻产业研究院.2015—2019年全国冷藏车保有量及增速情况[EB/OL].(2020-11-03)[2021-11-02].https://bg.qianzhan.com/wuliu/detail/616/201103-78435f0d.html.

[7] 前瞻产业研究院.2015—2019年中国冷链物流百强企业总营业收入及占比变化情况[EB/OL].(2020-12-28)[2021-11-02].https://bg.qianzhan.com/wuliu/detail/616/201228-87ada4be.html.

[8] 中国物流采购与联合会.中国冷链物流发展报告(2018)[M].北京:中国财富出版社,2018.

[9] 中国物流采购与联合会.中国冷链物流发展报告(2019)[M].北京:中国财富出版社,2019.

[10] 中国物流采购与联合会.中国冷链物流发展报告(2020)[M].北京:中国财富出版社,2020.

[11] 中国物流采购与联合会.中国冷链物流发展报告(2021)[M].北京:中国财富出版社,2021.

[12] 赵立娥.生鲜农产品冷链系统成本优化问题研究[J].改革与战略,2011,27(3):61-62.

［13］王沛.铁路专业型物流网络优化建模方法研究[D].北京:北京交通大学,2018.

［14］李苏苏,谢如鹤.基于食品安全的冷链物流成本优化分析[J].系统工程,2014(12):29-34.

［15］肖静,张东杰,刘子玉,等.我国食品冷链物流管理体系构建研究[J].农机化研究,2008(7):13-17.

［16］张铁山,郭晓薇.国内外食品冷链物流低碳运营管理比较研究[J].世界农业,2014(9):21-24.

［17］鲍长生.冷链物流系统内食品安全保障体系研究[J].现代管理科学,2007(9):66-67.

［18］杨扬,袁媛,李杰梅.基于HACCP的生鲜农产品国际冷链物流质量控制体系研究——以云南省蔬菜出口泰国为例[J].北京交通大学学报(社会科学版),2016,15(2):103-108.

［19］寿建烽,包菊芳.基于地区冷库容量理想均衡值评价模型的全国冷库布局研究[J].物流技术,2017(1):57-62.

附录　湖北省优秀冷链物流企业（部分）

九州通医药集团物流有限公司

九州通冷链由九州通医药集团物流有限公司于 2014 年设立，依托完善的配送网络、标准的 GSP 仓储资源、专业温控技术、质量管控体系和领先的信息平台，构建全程可视可追溯的冷链体系，为上下游客户提供专业、安全、高效、定制化的冷链服务解决方案。

中建三局第三建设工程有限责任公司

中建三局第三建设工程有限责任公司于 1953 年 12 月成立，是世界 500 强企业中建集团旗下中建三局的全资子公司，总部位于武汉光谷腹地，一直保持中建集团旗下十大号码公司领先地位。

武汉鑫江车冷机系统成套设备有限公司

武汉鑫江车冷机系统成套设备有限公司是专业从事冷冻、冷藏、速冻制冷设备及制冷系统的研发、设计、生产、销售、安装的综合型制冷企业。

武汉鑫云华制冷设备有限公司

武汉鑫云华制冷设备有限公司成立于 2022 年，公司专注于商用制冷设备的销售、安装、维修，智能化冷链物流仓储的承建与租赁领域。

湖北三峡银岭冷链物流股份有限公司

湖北三峡银岭冷链物流股份有限公司成立于 2017 年，公司承建运营的"三峡银岭冷链物流产业园"项目，占地 233 亩，总投资 5 亿元，包含多温仓储中心、低温速冻中心、城市集配中心、电子商务中心、农产品供应链中心、肉类分割加工中心、企业孵化管理中心、生鲜冷链展示交易中心八大功能中心。

武汉佳特制冷设备有限公司

武汉佳特制冷设备有限公司位于湖北省武汉市，是一家专业从事低温冷冻/速冻制冷设备、电器设备、PLC 控制系统研发、生产、销售、安装和服务的科技型企业。

武汉市南极冷气设备工程有限公司

武汉市南极冷气设备工程有限公司成立于 1993 年,是一家专业从事制冷设备研发、生产、销售和服务的综合技术型企业。

湖北亚冠冷暖设备工程有限公司

湖北亚冠冷暖设备工程有限公司是一家专业从事生物疫苗领域低温洁净室、流感疫苗工艺段制冷设备、低温实验室的设计、建造、运维的技术型企业。

武汉合众恒长科技发展有限公司

武汉合众恒长科技发展有限公司成立于 2014 年 10 月 28 日,公司主要从事非标装备研发、制造,机电设备自动化改造及技术服务,制冷系统的设计制造及节能改造。

扫描二维码,可了解企业详情